Liderazgo Inc Efectivo

Para El Mercadeo En Red

• •

De:

_____

Para:

_____

Fecha:

_____

• •

RAY HIGDON • THE HIGDON GROUP

Publicado por

Success in 100 Pages

www.SuccessIn100Pages.com

ISBN 978-1-947814-73-8

Copyright © 2021

Todos los derechos reservados.

AVISO LEGAL:

Quiero Mostrarte Personalmente, Como Es Posible Crear Una Marca Destacada Mientras Todavía Estás Construyendo Duplicación En Tu Equipo

Aprende Como:

- *Atraer personas mediante el diseño de una marca poderosa*

- *Generar más clientes potenciales que quieren unirse a tu oportunidad o comprar tu producto o servicio*

- *Aumentar tu duplicación más rápido que nunca (especialmente cuando acabas de inscribir a alguien)*

- *Simplificar tu estrategia de desarrollo de marca y maximizar tus resultados en una fracción del tiempo*

- *Crear publicaciones de curiosidad para los medios sociales y el secreto #1 para lograr interacción y resultados en los mismos (ejemplos incluidos)*

- *Contar tu historia efectivamente en los medios sociales y lograr que otros se dupliquen (es más fácil de lo que piensas)*

- *¡Y mucho más!*

SI ESTÁS CANSADO(A) DE USAR ESTRATEGIAS DE DESARROLLO DE MARCA QUE SENCILLAMENTE NO SE DUPLICAN, OBTÉN TU MANUAL EN:

www.brandingduplicationplaybook.com

PRÓLOGO POR
LARRY & TAYLOR THOMPSON

Cuando estábamos buscando construir nuestra marca online, fuimos referidos con Ray y Jessica Higdon por varios de nuestros clientes.

Conocimos a Ray comenzando el 2011, mientras hacíamos consultoría para una compañía de mercadeo en red en la cual Ray era el distribuidor número uno. Lo habíamos visto en muchas plataformas de medios sociales y nos sentimos muy seguros de que él podría ayudarnos con el desarrollo de la marca de nuestro negocio.

Nos dimos cuenta de que teníamos al hombre correcto después de que encontramos algunos videos de Ray, revisando sus apuntes de uno de los entrenamientos que nosotros habíamos realizado. Fue increíble ver como él procesaba el contenido con una habilidad única no solamente para comunicar a su audiencia los puntos a resaltar, sino también los detalles importantes.

Estamos muy agradecidos de haber contratado a Ray para que nos ayudara a construir *nuestra* marca. Su conocimiento acerca del mercadeo, acompañado de su entendimiento acerca de las redes lo convierten en una especie rara.

Hemos trabajado con muchas compañías, desde los dueños hasta los líderes más exitosos, y puedo decir que Ray personifica plenamente lo que nosotros consideramos ser un gran líder. La mayoría de las personas asocian la palabra ´´líderes´´ a la cantidad de dinero que haces, tu rango, o el título que tienes dentro del plan de pago de tu compañía. Ray entiende lo que nosotros siempre hemos pensado: que el liderazgo no se trata de rango, o de cuánto dinero has ganado, sino de hacer las actividades diarias que hacen posible el crecimiento.

Ray sabe lo que realmente significa ser un líder-siempre guiando con el ejemplo. Él sabe que una persona no puede ser llamada líder si nadie la sigue. A través de

su ética de trabajo, su corazón para servir y retribuir-y por supuesto por la manera en la que trata a las personas-Ray ha creado una tribu de seguidores que lo adoran.

De todos los estudiantes con los que hemos tenido el privilegio de trabajar durante los últimos 50 años, Ray tiene una de las mentes más claras y astutas que jamás hallamos experimentado. Ray tiene un gran talento como instructor, mentor, y profesor. Él entiende una de nuestras filosofías principales, que es: ´´Nunca permitas que lo que tienes que decir sea tan importante que pases por alto lo que tus estudiantes necesitan escuchar.´´

Confía en nosotros cuando te decimos-este libro contiene lo que necesitas escuchar. Muchas veces compartimos información en la mañana, y al final del día, Ray ya ha procesado el pensamiento filosófico y estratégico detrás de la enseñanza y lo ha implementado con sus estudiantes.

Ray tiene la característica particular de tener una personalidad que armoniza y trabaja bien con muchas personas. Él comunica con empatía, fuerza, pasión, y motivación-independientemente de la edad o la experiencia de la persona con la que él esté trabajando. ¡Es una cualidad inusual!

Nos sentimos muy honrados de haber sido tenidos en cuenta para este libro. Y estamos agradecidos no solamente por la relación de negocios que tenemos con Ray, sino más importante aún, la relación personal que se ha creado entre nosotros. Esperamos que a medida que lees este libro puedas tomar lo que se está diciendo, digerirlo, procesarlo, y salir a implementarlo.

-Larry & Taylor Thompson

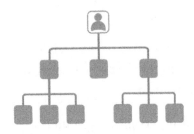

Introducción:

Gracias por tomar la decisión de invertir en este libro.

En caso de que no me conozcas o no conozcas mi historia, permíteme darte un resumen rápido: descubrí el mercadeo en red a través de un socio mío de bienes raíces. Después de revisar el modelo de negocio y estudiarlo realmente, supe que sería una buena opción para mí, pero no sabía lo que estaba haciendo e hice casi todo de la manera incorrecta. Pasé por 11 compañías en un período de 3 años y nunca tuve un logro importante. Durante este mismo período de tiempo, el mercado de bienes raíces se derrumbó, y terminé perdiéndolo todo. Estaba en bancarrota, siendo perseguido por cobradores y tenía más de 1 millón de dólares en deudas.

En Julio 15 del 2009, tuve una nueva visión. Harto y cansado de ser una víctima, tomé en serio el mercadeo en red. Trabajé sin descanso y prospecté (contacté personas) como loco. Rápidamente me convertí en el distribuidor número uno en esa compañía. Mi novia (ahora mi esposa) Jessica había tenido mucho éxito usando los medios sociales para construir su negocio y se convirtió en la distribuidora más exitosa.

Cuándo realmente comenzamos a arrasar usando los medios sociales, mucho antes de que casi nadie lo estuviera haciendo, nos empezaron a pedir que le enseñáramos a equipos y a líderes cómo ellos también podían hacerlo. Sin pretender tener un negocio de instrucción y entrenamiento, ya teníamos uno. Y nos dimos cuenta de que nos encantaba y sentimos que podíamos ayudar a mejorar la profesión si nos enfocábamos en ayudar compañías y líderes. Comenzando el 2016 nos retiramos de construir redes y aunque extrañamos todas las actividades de equipo, hemos podido hacer un impacto más grande, lo cual es nuestro propósito.

En su primer año, nuestro grupo privado, Rank Makers ayudó a crear más de 3,500 avances de rango en diferentes compañías alrededor del mundo. Rank Makers es la manera en la que más ayudamos líderes, haciendo que su gente se ponga en acción.

El Propósito De Este Libro

¿Cuál es el propósito de este libro? En síntesis, es:

- *Simplificar de lo que realmente se trata el liderazgo en el mercadeo en red.*
- *Establecer lo que los líderes deberían (y no deberían) hacer con su tiempo.*
- *Darte una asesoría específica sobre los errores comunes que pueden sabotear tu crecimiento.*
- *Ayudarte a crear un equipo donde cada persona, sin importar su nivel de ejecución, esté contenta, emocionada y ¡nunca quiera irse!*

Y tal vez – más que cualquier otra cosa- este libro te dará lo que necesitas saber y hacer para obtener resultados financieros a medida que avanza el tiempo, no sólo para ti sino también para los miembros de tú equipo.

Tal vez no creas esto, pero desearía que operáramos en un mundo donde no hubiera demanda para este libro. En serio, desearía que todos los líderes ya supieran cómo liderar efectivamente- porque, aunque reduciría parte de la necesidad por lo que mi compañía enseña- significaría que más líderes ya fueran funcionales, y sus equipos ya estuvieran alcanzando niveles máximos de rendimiento. Pero es una necesidad.

Una necesidad importante.

Cómo está organizado este libro

A medida que leas, verás que los temas saltan un poco. Esto no es por accidente- ha sido hecho *intencionalmente*, a propósito. La razón es, que cuándo las personas *piensan* que ya saben cuáles son sus fortalezas y sus debilidades, irán directo a las secciones que perciben como necesarias e ignorarán el resto.

No queremos que trates este libro de esa manera. Queremos que leas la condenada cosa completa. Nunca sabes cual sección de un libro- que párrafo, o una simple oración-puede hacer que el libro completo valga la pena y tenga un mayor impacto en tu vida.

Por la misma razón, los temas en este libro no están presentados en orden de importancia, *porque todos son importantes.*

Más aún, algunas cosas en este libro podrían inclusive parecer como que no pertenecen-que no caen dentro del tema general del ´´liderazgo.´´

Créanme: *Cada tema incluido en las siguientes páginas tiene un impacto en tu habilidad de convertirte en un líder increíblemente efectivo a largo plazo.* Así que, sé paciente-las piezas del rompecabezas del liderazgo se conectarán por completo en el momento en que hallamos terminado.

La verdad es, muchas personas dicen que quieren ser grandes líderes, pero no están dispuestos a aprender las habilidades y/o a hacer las cosas que son necesarias para alcanzar el éxito.

La buena noticia es, hay pequeñas cosas que puedes hacer-comenzando hoy, desde dondequiera que te encuentres-eso te pondrá en el camino correcto.

Entonces, ¿estás verdaderamente comprometido con alcanzar el éxito en el mercadeo en red convirtiéndote en un líder increíblemente efectivo? Si la respuesta es sí, haz tu compromiso firmando aquí abajo:

Firma: _____

_____

Fecha:_____

Okay, continuemos...

Bien, estás aquí.

Comencemos con una pregunta básica...

¿Cuál Es La Definición De Un Gran Líder?

Este es un buen lugar para comenzar, ya que pueda que no sea lo que piensas.

Digo esto porque algunas personas tienen una visión distorsionada de lo que es el liderazgo en el mercadeo en red. Ven al líder como aquel que debe trabajar un millón de horas a la semana. Lo ven como alguien que es fuerte con su equipo empujándolos a todos a hacer más ventas, y que está constantemente en el teléfono, respondiendo preguntas y dirigiendo a su equipo como el mánager de un equipo de ventas.

Si esto suena como tú y sientes que te estás desgastando, este libro te liberará de esas cadenas y te ayudará a darte cuenta de que tu comportamiento, aunque es bien-intencionado, ha estado saboteando tu ingreso y el crecimiento de tu equipo.

¿Ya estás asombrado?

Deberías estarlo.

De entrenar líderes con equipos de 10,000 hasta aquellos con equipos de 700,000, nos hemos dado cuenta de que la mayoría de los líderes NO tienen una perspectiva saludable sobre cómo debería operar un líder de mercadeo en red. Es mucho más fácil de lo que lo hacen la mayoría de los líderes.

Entonces, ¿Cuál Es El Rol De Un Líder?

Una de las muchas compañías de entrenamiento que hemos contratado a través de los años, es una compañía llamada Gazelle´s. Ellos se especializan en compañías que están escalando y aunque este tipo de compañía simplemente no es necesaria para un líder de mercadeo en red, aunque el mercadeo en red se construye en principios de escalamiento, fue muy útil para nuestra compañía de capacitación y entrenamiento.

El dueño de Gazelle´s es un hombre llamado Verne Harnish. Verne dio la más hermosa y simple explicación para el rol de un líder.

Ahora, si le preguntas a otros líderes cuál es el rol de un líder (y lo hemos hecho), ellos dirán que el rol de un líder es inspirar a otros, ser el ejemplo o algo similar. A pesar de que esas son buenas ideas, preferimos la que dijo Verne, la cual es perfectamente aplicable al mercadeo en red.

Verne dijo que el rol de un líder es simplemente,

´´*Hacerlo fácil.*´´

¡¿Te estarás preguntando, hacerlo QUÉ, fácil?!

En el contenido de este libro, te estaremos mostrando cómo hacerlo fácil para que tus compañeros de equipo se vean a sí mismos como líderes y cómo todos ellos pueden avanzar de rango SIN consumir cada minuto de tu día.

Verás, cuando eres un líder adicto al trabajo desempeñándote como director de ventas, haces dos cosas malas:

UNO… desanimas a todos los que no están haciendo ventas y los haces sentir como si ellos están decepcionándote a ti y al equipo.

DOS… te ves de una manera en la que otros no quieren verse, así que se sabotean ellos mismos de algún día alcanzar tu rango.

De nuevo, vamos a mostrarte, cómo hacerlo F-Á-C-I-L.

Sabiduría De Un Líder Máximo De Mercadeo En Red & Miembro de TEC

RYAN HIGGINS:

Los grandes líderes en nuestra profesión son entrenadores con una pasión por desarrollar y ayudar personas a convertirse en exitosas, inspirando a su gente a través de una visión compartida. Ellos crean un ambiente en donde las personas se sienten valoradas y satisfechas.

El error más común que veo cometer a los líderes es cuando ellos le dicen a su equipo qué hacer. Ellos necesitan *liderar mediante el ejemplo* y mostrarles el camino.

Para ser un gran líder, necesitas estar conectado con tus otros líderes para saber cuándo necesitan ayuda u orientación.

Algunos líderes tienen problemas lidiando con la presión de que todos acudan a ellos buscando la respuesta correcta a sus preguntas. Para algunos, esto es agobiante.

Otro problema es cuando un líder trata de ser perfecto. Esto puede resultar contraproducente porque ya no eres atractivo para tus prospectos, como lo fuiste en el comienzo, cuando eras accesible.

Ser un líder de mercadeo en red te permite impactar tantas personas de tantas maneras, siendo un buen recurso al cuál cualquiera puede llegar. Y para mí, la sensación de sentirse satisfecho-sabiendo que has ayudado a alguien a convertirse en una mejor persona, no solamente en su negocio sino también en su vida-es increíble.

Los Mejores Líderes Son Maestros De los Fundamentos

En el mercadeo en red, los fundamentos incluyen aprender y compartir historias, usar el sistema, comunicaciones humanas básicas, entendimiento y desarrollo de la cultura de equipo (luego hablaré más sobre esto), y crecimiento de la comunidad.

Si quieres construir el equipo más grande que posiblemente puedas construir, pero no entiendes estos fundamentos, te vas a enfrentar a limitaciones en tu enfoque que te detendrán de llegar a donde quieres ir.

Queremos recalcar que un millón de dólares al año es un GRAN salario, pero es pequeño para un negocio. Para de comparar tu ingreso en el mercadeo en red a un salario y por el contrario comienza a verte a ti mismo como un dueño de negocio, ya que lo eres.

¿Qué Pasa Si No Tienes Un Buen Patrocinador?

En primer lugar, pueda que tu patrocinador no sea mediocre. Es más probable que tenga buenas intenciones, pero la manera en la que intenta mostrar esas buenas intenciones te llega de la manera incorrecta o esa persona no está cumpliendo con tus expectativas.

De hecho, conozco muchas personas que ganan un millón de dólares quienes no han tenido el mejor (o ningún) patrocinador. Un buen o mal patrocinador tendrá personas que producen como también aquellas que no producen. Sé agradecido con el que sea que te haya ingresado a tu compañía ya que te preparó el camino para cambiar tu vida, pero no sometas tu éxito a las acciones o inactividad de tu patrocinador.

Para de exigir que tu patrocinador sea perfecto para TÚ ponerte en acción.

Entiende que la manera en la que tu patrocinador se desempeñe no tiene que dictar como lo hagas tú.

Los Mejores Métodos de Liderazgo y Qué Evitar

Aquí están algunos de los mejores métodos para un líder y qué debe evitar hacer:

- Procura hacerlo fácil. Enfatiza el sistema que tú y tu compañía usan y cómo cualquiera puede seguirlo sin necesidad de ser confiable, especial, experto o tener muchos seguidores.

- No hagas que todo se trate de ti. Conozco líderes que se apalancan en los esfuerzos de su equipo para obtener más interacción en sus perfiles personales en los medios sociales. También he visto líderes enviándole mensajes a los miembros de su equipo diciéndoles lo que su líder necesita para alcanzar el próximo rango, rogándoles que ayuden AL LÍDER. Eso es ridículo. El equipo no está ahí para AYUDARTE sino a la inversa.

- Haz lo que desearías que tu equipo estuviera haciendo. No te subas en la silla del entrenador o del supervisor y les des órdenes, al contrario, VÉ y haz el trabajo, el cual es preguntarles a los humanos si están abiertos a tu producto, servicio u oportunidad. ¿Si crees en tu compañía y como esta ayuda a las personas, porqué pararías de presentársela a la gente?

- No controles a tu equipo con mano dura. Conozco patrocinadores que piensan que son los jefes y que todos los miembros de su equipo trabajan para ellos. Si las personas no hacen exactamente lo que el líder dice, entonces los miembros del equipo son castigados, pasiva-agresivamente o aún criticados directamente en frente de los otros. 100% de tu equipo no será exactamente de la manera en que tú quisieras que fueran y eso está bien. Muchos líderes están más enfocados en controlar a su equipo que en ayudarlo a obtener resultados si lo hacen de una manera diferente a la que ellos sugieren. Yo tuve equipos de miles de personas que NO lo hacían de la misma manera que yo enseñaba. De todas formas, fui remunerado por ellos y eso estuvo bien.

- Señala lo que has superado en tu vida, pero evita presumir o enfocarte en todos tus logros espectaculares, o en lo que te hace especial o confiable. Todo lo que haces cuando resaltas tu credibilidad y lo especial que eres, es hacer que los otros en tu equipo se justifiquen de porqué tú puedes hacerlo, pero ellos no pueden. La mejor respuesta para el líder al decir su historia es, ´´Wow, si él/ella pudo hacerlo, yo definitivamente pienso que también puedo!´´

La Regla De Thompson

A menudo me preguntan, ´´*¿Cómo hago que mi gente produzca más? ¿Cómo hago para que hagan más dinero?*´´. Esta es una mala pregunta. ¿Porqué? Porque asume que sólo porque las personas se han unido a tu equipo, ellos quieren ser de los que más dinero ganan. Pudiera ser que no.

Dos de nuestros grandes amigos-antiguos mentores y graduados de nuestro programa de mente maestra Top Earner Club- son Larry y Taylor Thompson (ellos también escribieron el prólogo de este libro). Más que cualquier otro entrenador en el planeta, Larry es alguien a quien le damos el crédito de muchos de nuestros conceptos en lo que se refiere a liderazgo y a construcción de una cultura de desempeño eficiente.

Una de las cosas que hemos aprendido de Larry es algo que llamamos La Regla De Thompson, la cual dice:

El 80 por ciento de las personas que se unen a una organización de mercadeo en red sólo tienen el deseo de ganarse de $0 a $500 dólares al mes.

¿Por qué es esto importante? Porque (hablando en términos generales) las personas que están buscando ganar menos de $500 dólares al mes usualmente tienen muy pocos deseos de liderar un equipo. Las personas en este grupo no están ahí para inspirar a otros y tener un equipo de gente encendida y emocionada. Así que no es necesario sobrecargarlos con tener que aprender habilidades de liderazgo. Sería como querer ser un entrenador personal y que te dijeran que tienes que aprender cómo operar el cerebro (no es que el liderazgo sea como una cirugía de cerebro, pero tú entiendes el punto).

- *Algunas personas serán tus clientes...*

- *Algunas personas asistirán a eventos...*

- *Algunas personas solamente quieren vender unos cuántos productos, hacer un par de dólares aquí y allá...*

Esto es todo. Esto es todo lo que ellos quieren. No hay razón para imponer *tu* voluntad sobre las personas que tienen un bajo nivel de deseo. Nadie quiere ser forzado a aprender nada más allá de lo que necesita aprender para lograr lo que desea-*su deseo, no los deseos del líder*.

El Próximo 15 Por Ciento...

Ahora, hay un segundo grupo, alrededor del 15 por ciento de las personas en cualquier equipo que tienen un nivel de deseo de ganarse digamos de $2000 a $3000 dólares al mes. En este nivel ellos van a necesitar aprender cómo construir y liderar al menos un equipo pequeño. Por lo tanto, desarrollar a estas personas para que se conviertan en líderes es algo importante.

... Y El Por Ciento Selecto

Y entonces hay un 5 por ciento de las personas en cualquier organización que tienen un verdadero y ardiente deseo de ganar más dinero que el promedio de las personas, unos $25,000 dólares al mes o más. Ellos están ahí para para construir un negocio y una carrera en esta profesión. Ellos realmente quieren alcanzar la libertad financiera. Ellos son los impulsores que están constantemente enfocados en los resultados, podrías darles malas instrucciones y ellos aun así tendrán éxito.

Sin embargo, mantén en mente, que la regla de Thompson realmente se aplica al nivel de deseo, no al nivel de resultados. Puedes tener personas hambrientas por tener éxito que simplemente no han llegado ahí todavía o personas con muchos resultados que no tienen el deseo de seguir creciendo.

El Reto Para Los Distribuidores Selectos

El reto para los del 5 por ciento-*los impulsores*-es que ellos piensan que todos deberían ser impulsores como ellos. Esto crea un problema enorme en el liderazgo del mercadeo en red, y ese problema es que estos distribuidores selectos quieren cambiar las leyes del universo. Ellos quieren hacer que todos sean como ellos. La realidad es, *no todos son como ellos.*

Algunas personas no tienen ningún deseo de convertirse en los distribuidores más exitosos. Ellos están felices con sólo pertenecer. Ellos sólo quieren ser parte del grupo. Quieren tomarse selfis contigo y chocar tu mano por simplemente atender a un evento. Eso es todo. Y no hay nada malo en eso.

˝Ochenta por ciento de las personas que se unen a una organización de mercadeo en red sólo tienen el deseo de ganarse de $0 a $500 dólares al mes˝.

-La Regla De Thompson

#FEL

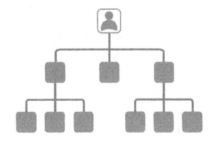

(Toma una foto de esta página y haz una publicación en tus redes sociales favoritas usando #FEL)

Liderando A Todos Los Distribuidores

Sólo para que estemos claros, no estoy menospreciando o burlándome de ninguna manera de las personas que no tienen el impulso interno de convertirse en grandes triunfadores. Estas personas están perfectamente bien de la manera en la que están- y tú los necesitas.

Si de alguien me estoy riendo aquí, podría ser de ti-*sí, tú*-el líder que piensa que tiene habilidades especiales o una poción mágica que puede convertir personas en algo diferente a quienes son. Todo el deseo, la esperanza, los empujones y los codazos del mundo no van a cambiar eso.

Peor aún, tratar de convertir personas en algo en lo que ellos no están dispuestos, los sacará del equipo, reducirá su ingreso y creará un revuelco innecesario, estrés y agotamiento.

Con el tiempo, el perfil de casi cualquier equipo incluirá este 80 por ciento que caen dentro de la regla de Thompson. Y usar 80 por ciento de tu tiempo tratando de cambiar el 80 por ciento del equipo quienes tienen la menor probabilidad de cambiar, no es solamente una pérdida de tiempo, es un tipo leve de locura.

Lo que hace el siguiente punto más que relevante: si tienes personas en tu organización que no están liderando a su gente, no están contestando preguntas, no están asistiendo a los eventos de la compañía, pero están reclutando, mi consejo es enviarles una *tarjeta de agradecimiento* y soltarlos-refiriéndome a la necesidad de convertirlos en algo que ellos nunca serán.

Estoy hablando en serio.

Para de exigir que esas personas sean líderes. ¡No puedes forzar o exigirle a alguien que sea un líder! Simplemente sé agradecido por lo que ese individuo *trae* a tu equipo y sigue adelante.

No Permitas Que Tu Personalidad Sea Un Obstáculo

Si tienes esa personalidad del selecto 5 por ciento, probablemente encuentres difícil aceptar la idea de que algunas personas son felices haciendo $0. Lo fue para mí.

Yo tengo una personalidad del 5 por ciento- simplemente la tengo. Soy una de esas personas en constante búsqueda de metas grandes. Por lo tanto, solía pensar que todos lo hacían. Lo cuál era un problema.

Entraba en llamadas de equipo y decía cosas como, ´´*Oigan todos, ¿si no están prospectando 20 personas al día, que están haciendo aquí?*´´

Esto no fue muy inteligente, ni tampoco muy efectivo. *Realmente fue destructivo.* Tu personalidad nunca debería dictar qué metas y sueños deberían tener los demás, o qué tan motivados deberían estar.

Mantén A Las Personas Alrededor De La Fogata

Una de las mejores analogías es pensar en tu equipo como personas sentadas alrededor de una fogata. ¿Cuál es el fuego? El fuego eres tú, como líder y los otros líderes con rangos altos. El fuego también es la convención de tu compañía. El fuego son tus eventos. El fuego también es desarrollo personal. Ese es el fuego.

El problema más grande en el liderazgo dentro del mercadeo en red es que muchos líderes sólo ponen atención a aquellos en el club selecto del 5 por ciento e ignoran al resto. Recuerda, el 80 por ciento con bajo o ningún deseo hacen el 80 por ciento del volumen de tu organización y el 80 por ciento de tu cheque. Aunque ellos no piden mucha atención, necesitan cariño y apreciación.

En otras palabras, sólo porque hay muchos que no tienen grandes deseos no significa que ellos no son importantes. Si mantienes a las personas alrededor de la fogata el tiempo suficiente, su nivel de deseo podría crecer. Si estás liderando con el ejemplo y trabajando con las personas que se dejan entrenar, ellos pueden acercarse un poco más al fuego-su nivel de deseo puede aumentar y ¡pueden atrapar una chispa!

Tu trabajo como líder es crear un fuego increíble: una cultura, que haga que las personas se sientan bien sin importar su nivel de deseo o de resultados. Y, para aquellos que quieren crecer un negocio, asegúrate que hay herramientas y recursos que cualquiera pueda usar sin importar su nivel de influencia, experiencia o trayectoria.

Si haz cometido el error de hacer sentir a las personas no bienvenidas en la fogata, que te están decepcionando, o que no pertenecen, ellos se irán. Peor aún, algún día las cosas pueden cambiar. Las mismas personas a las que hiciste sentir insignificantes pueda que tengan un cambio de circunstancias o un deseo repentino de ganar más dinero. Y ellos estarán alrededor de la fogata de alguien más-alguien quien no los ignoró, ni los hizo sentir como ciudadanos de segunda clase.

Enfócate En ´´Inclusión´´, No En Exclusión

Un gran ejemplo de crear inclusión y de no hacer sentir a las personas de una manera desagradable viene de lo que se hace comúnmente en la iglesia.

En la iglesia, cuando ellos ´´pasan el plato´´ (o la canasta) para recoger las donaciones de las personas, algunas personas arrojan $20 dólares. Otros arrojan $5-10. Y unos cuántos, por cualquier razón, simplemente pasan la canasta sin poner nada en ella.

Sin importar lo poco o mucho que alguien ponga en la canasta de donaciones, la iglesia no los sienta según ´´su categoría´´ ¿o sí? Ellos no sientan en las sillas baratas a los que ponen poco dinero, la cultura de la iglesia es darles la bienvenida sin dejarles saber a las personas quien es más importante.

Sin embargo, imagínate a un pastor ofreciendo un grupo nocturno de estudio de la Biblia ese día, y luego-a la salida de la iglesia-él se pare en frente de ti y te pregunte si te inscribiste en el grupo. Entonces, cuando él se dé cuenta de que no lo hiciste, mueva su cabeza y pregunte, ´´Eso no está bien. ¿Qué podemos hacer para que te tomes en serio a Dios?´´. ¿Puedes imaginarte esa escena?

Por supuesto que no puedes-*porque nunca pasará.*

Diferentes Personas, Diferentes Niveles De Compromiso

Los líderes de la iglesia saben tres cosas que los líderes de mercadeo en red parecen olvidar:

- *No todas las personas están comprometidas al mismo nivel que el líder...*

- *No todas las personas tienen la misma cantidad de dinero para aportar, y...*

- *No todas las personas quieren ascender al máximo rango y ser un líder.*

Ahora, imagina que te pasó algo como este escenario del estudio de la Biblia, y entonces a la semana siguiente vuelve a pasar. Y entonces vuelve a pasar una semana después de esa. ¿Cuántas semanas te tomaría parar de ir a esa iglesia y encontrar una nueva?

¡Pero esto es exactamente lo que los líderes de mercadeo en red hacen todo el tiempo! ´´*Hey, ¿por qué todavía no has alcanzado un nuevo rango? Te veo asistiendo a los eventos, pero no has avanzado en rango. Vi que no recibiste un cheque este mes.* ¿Cuántas personas has prospectado esta semana? ¿Sólo una? ¿Qué está mal contigo? ¿Estás comprometido o no?

Los líderes de la iglesia son muy inteligentes para eso. Ellos quieren que el 80 por ciento de la gente que no pueden dar mucho, o que no tienen el deseo de tomar clases nocturnas, se queden-porque las cosas pueden cambiar.

Actúa Como Un Dueño De Gimnasio

Hace unos años yo era miembro de un gimnasio que se llama LA Fitness. Un día, me percaté de un hombre cuyo atuendo deportivo era completo. Tenía la banda de la cabeza, la de las muñecas, y usaba cada artículo con logo que puedas imaginar. Estaba todo engalanado en ropa de diseñador, era difícil no notarlo. Era difícil no darse cuenta porque no estaba en buena forma.

Cada que iba al gimnasio veía a este hombre, y él nunca estaba haciendo ejercicio fuertemente, realmente nunca sudaba. Él compartía, levantaba algunas pesas, pero principalmente hablaba con las personas. No me mal interpreten, hablamos algunas veces, y él era un hombre lo suficientemente agradable.

Vi a este hombre por cuatro años, y siempre fue la misma historia. Él estaba ahí cuando yo llegaba, y estaba ahí cuando salía, vestido con atuendo deportivo de diseñador de $1000 dólares. Escasamente entrenaba, nunca sudaba, y parecía que nunca perdía peso.

Por $29 dólares al mes.

Y por esto es que los dueños de gimnasios son más inteligentes que la mayoría de los líderes de mercadeo en red. Porque durante ese tiempo nunca vi al dueño del gimnasio caminar hacia él y decirle, ´´Oye. He estado observando que vienes aquí y no veo ningún progreso. Parece que tienes el mismo porcentaje de grasa corporal de cuando empezaste. ¿No estás motivado? ¿Crees que tengo este gimnasio en funcionamiento sólo para que las personas vengan a compartir? ´´.

De nuevo, como en el ejemplo de la iglesia, eso nunca pasará- *al menos no con un dueño de gimnasio inteligente. ¿Y si lo hiciera? Ese hombre se iría... y sus $29 dólares se irían con él.*

Nunca olvides que el 80 por ciento de tu equipo está feliz con sólo estar ahí. Lo cual no significa que tienes que darles mucho de tu tiempo, pero tienes que darles la cortesía de tu apreciación. Porque cuando sea evidente que ellos no son bienvenidos, se irán. Sin embargo, hazlos sentir bien, y ellos se quedarán para siempre.

Las Circunstancias Cambian

Espera un minuto Ray. Anteriormente dijiste que no podías convertir los que están en el 80 por ciento hacia el 15 por ciento, mucho menos hacia los selectos del 5 por ciento. Ahora estás diciendo que deberíamos mantenerlos a todos alrededor de la fogata porque algún día algunas de esas personas podrían cambiar.

Bueno, ¿cuál de las dos es? ¿Las personas cambian, o no lo hacen?

Lo que estoy diciendo es que no puedes cambiar a las personas-no al nivel más profundo de la parte esencial de su personalidad, pero la circunstancia en la vida de las personas puede cambiar. No, rectifica esto-las circunstancias en la vida de las personas *va* a cambiar.

- *Ellos no han cambiado, pero la situación/condición de su trabajo puede haber cambiado.*
- *Ellos no han cambiado, pero las relaciones que ellos tienen con las personas que hacen parte de su vida puede haber cambiado.*
- *Su personalidad no ha cambiado, pero su el estado de su salud puede haber cambiado.*

Cualquiera de estos cambios puede tener un efecto dramático en la motivación de una persona, al igual que en sus deseos de vender más producto, contactar más personas, y generar más ingreso. *Tú* no cambiaste a la persona-*el individuo cambió por él mismo*-porque algo en su vida cambió.

Y cuando las cosas cambian en la vida de las personas-y ellas lo harán-tú quieres que ellos estén alrededor de *tu* fogata, no de la de alguien más.

Las Cosas También Pueden Cambiar En Tu Vida

Tenemos un entrenador graduado-realmente un gran líder de nombre Todd Burrier. Todd construyó un negocio saludable de más de seis cifras. Entonces, un día, él decidió que sus hijos estaban en una edad en la que él quería pasar más tiempo con ellos. De un día para el otro Todd pasó de ser uno del 5 por ciento, muy enérgico, que decía ´´hagamos mucho dinero´´, a uno del 80 por ciento en términos de su motivación y actividad en el

negocio. (es decir deseo). Todd *desaceleró su jugada,* cambiando su enfoque del negocio a su familia. Porque las cosas cambiaron para Todd.

Como lo hacen para todos nosotros.

Por eso es que estamos muy en contra de la presión que algunas compañías (y algunos líderes) ejercen sobre las personas para mantener su nivel casi psicótico de deseo. Ninguna compañía o líder debería poner esa clase de presión incómoda sobre otros. Si la pareja resulta con un problema de salud, o la persona quiere viajar el mundo, o pasar tiempo con sus hijos, ese es su asunto-literalmente-porque es su negocio. En primer lugar, ese es el punto de estar en el mercadeo en red, ¿verdad? Poder crecer tu negocio, a tu manera, hasta el nivel que quieras crecerlo.

Los mejores líderes están ahí para animar y apoyar a su gente a lograr las metas de negocio que ellos desean, no las metas que el líder desea.

En el caso de Todd, él se enfocó en su familia por años, manejando su negocio en piloto automático y aun así ganándose un salario de seis cifras al año porque él había construido un negocio muy sólido. Y cuándo tuvo el deseo de construir de nuevo, volvió a trabajar, se unió a nuestro programa de mente maestra, y lo ayudamos a salir y a comenzar a darle duro de nuevo.

"Nunca olvides que el 80 por ciento de tu equipo está feliz solamente de estar ahí. Hazlos sentir bien, y ellos se quedarán para siempre.´´

-Ray Higdon

#FEL

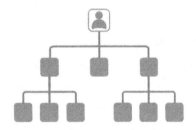

(Toma una foto de esta página y publícala en tus páginas de medios sociales favoritas usando #FEL)

Estudio De Caso: La Misión del Club de Niños y Niñas

El club de niños y niñas de América tiene una misión, y es simple: *Sacar y mantener a los niños fuera de las calles.* Ellos saben que, si pueden hacer esto, los niños no caerán en una variedad de comportamientos negativos, incluyendo consumir y vender drogas.

El club de chicos y chicas en mi área tiene una cancha de basquetbol y todo tipo de cosas para hacer en la sede, como cocinar, arte, música y computadores. La pregunta es, ¿es su misión solamente sacar de las calles a los niños que quieren ser atletas profesionales? ¿O solamente músicos? ¿O solamente niños que quieren ser chefs de clase mundial? No. *Su misión es simplemente mantener a los niños fuera de las calles.*

Si los niños quieren venir y divertirse con los video juegos, está bien, están fuera de la calle. ¿Ellos quieren venir y aprender a cocinar? También hay las herramientas para hacer eso. Y si ellos quieren jugar basquetbol, excelente-aquí hay un balón.

Pueda que suene gracioso, pero si más líderes en el mundo del mercadeo en red pensaran como el Club de Niños y Niñas, sus organizaciones serían imparables. Tendrían tantas personas que se quedarían, y que nunca querrían irse de la comunidad. Jamás.

Cuando ingresas a alguien al mercadeo en red, le estás mostrando una posibilidad de cómo podría lucir la vida, en otras palabras, ´´sacarlo de la calle´´ en cierto modo.

Ahora bien, algunos de ustedes al leer esto se están asustando con esta idea. Tal vez están pensando que perdí la cabeza y que estoy loco, ¿verdad?

Bueno, no lo estoy.

¿Sabes cuáles son los mayores beneficios de estar envuelto en el mercadeo en red? Comunidad, liderazgo, entrenamiento, cultura y valores fundamentales. Esos son los beneficios *más* valiosos del mercadeo en red-los beneficios acerca de los que muy pocas personas hablan.

Okay Ray, pero esto que tiene que ver con ser un líder increíblemente efectivo? ¡Todo! El mercadeo en red no es solamente el producto, el servicio y el plan de compensación. Es todas esas cosas, más las relaciones y las amistades y la comunidad y la cultura y sentirse bien y los eventos increíbles y los reconocimientos y la gratitud.

¿Realmente quieres convertirte en un líder increíblemente efectivo? Entonces debes pensar acerca de una misión que sea más grande que sólo el dinero.

Mentalidad de ´´Comunidad´´ Versus Mentalidad de ´´Transacción´´

A la larga, si tu enfoque es solamente en transacciones (significando la cantidad/número de ventas y/o cantidad de personas reclutadas dentro del equipo), nunca te convertirás en el líder que *pudieras* llegar a ser. Porque un enfoque en transacciones significa que sólo te concierne obtener más clientes y reclutas.

Sé lo que estás pensando: ¿Esas cosas no son el propósito del negocio? Ultimadamente, sí. Y alguien con una *mente transaccional* hará dinero, pero nunca hará *mucho dinero*.

¿Porqué?

Porque las personas no son leales a un producto.

En mi primera compañía de mercadeo en red vi a un hombre pasar de nueve años de tener el cuello paralizado y rígido a poder moverse libremente usando nuestro producto. Él estaba encantado con los resultados. En ese tiempo, yo era mediocre creando cultura y empujaba fuerte a todos para que alcanzaran mi nivel de deseo y él fue uno de los que más fuerte empujé. Dos meses después, él se retiró del negocio. La transacción de comprar el producto no creó lealtad. De hecho, puedo plantear el caso de que una vez él resolvió su problema, hizo su *transacción* de retirarse del equipo.

Siempre recuerda: Las personas no son leales a los productos, ellos son leales a una comunidad de amigos y familia. La comunidad es lo que gana. Ultimadamente, la comunidad derrota todo lo demás.

Qué Se Necesita para una ´´Cultura Positiva´´

Cultura no es solamente un grupo de personas. La manera en la que se hace sentir a las personas es parte de la cultura. Piénsalo como esto: El sermón en la iglesia es una parte de la cultura. Los panecillos son parte de la cultura. El lavado de carros para recolectar fondos es parte de la cultura. Los bautizos son parte de la cultura.

Entonces, ¿qué es una cultura positiva en el mundo del mercadeo en red? Es un ambiente en el cuál todos en el equipo se sienten bien e incluidos, sin importar su nivel de deseo o nivel de logros.

Revisa porqué alguien se va de cualquier tipo de organización, casi siempre es porque hay un cambio en la cultura, y la persona ya no se siente bien siendo parte de eso.

Las mejores culturas de equipo son las que no son completamente acerca del negocio. La comunicación constante acerca del dinero, guiones,

contactar y dar seguimiento reducirá tu equipo. Cómo subir de rango, hacer $100,000 dólares, etcétera, etcétera, etcétera-simplemente agota a las personas.

No, para ser un líder increíblemente efectivo, asegúrate que también haya formas más claras de comunicación. Las personas no solamente quieren hacer dinero y alcanzar el éxito, ellos también quieren sentir que se están divirtiendo. Aún mejor, ellos deberían *estar* divirtiéndose.

El mundo corporativo entiende esto.

Entrenamiento para la Cultura

Cuando te enteras de un comportamiento que va en contra de tus valores fundamentales o de tu cultura, enseña sobre eso. ¿Qué quiero decir? ´´valores fundamentales´´ se refiere a las normas de cómo las personas deberían comportarse en varias situaciones. Luego cubriremos más sobre valores fundamentales.

Tenemos una cliente con una organización grande que tenía un problema que estaba causando mucho drama. Estaba corroyendo la cultura que ella había creado. Mi sugerencia para ella fue que hiciera un entrenamiento para su gente sobre auto-respeto y respeto hacia las relaciones, lo que era el problema principal que estaba teniendo.

Funcionó.

No necesitas mencionar nombres o convocar a alguien directamente. Eso no funciona y solamente crea resistencia.

Simplemente habla acerca de los comportamientos que ves que deberían ser diferentes. Habla acerca de los valores fundamentales. *Enseña sobre la cultura.* Convirtiéndolo en una oportunidad de entrenamiento, construyes la cultura y abordas el problema de una manera constructiva en lugar de una destructiva.

Obteniendo Interacción en los Grupos De Facebook

Una de las cosas que escucho de los líderes de mercadeo en red es acerca de su deseo de crear más interacción en sus grupos de Facebook.

Angel Fletcher, una buena amiga y miembro de nuestro grupo de mente maestra TEC (Top Earner Club) por varios años, es una líder con el rango más alto quien tuvo una transformación total con su grupo. Nosotros tenemos sesiones individuales con nuestros miembros de TEC y ella vio una que hicimos (llamada Lazarus) en la cual audité el grupo de Facebook de un cliente llamado Lazarus. Básicamente lo hice pedazos porque cada publicación era acerca del negocio, reclutar o dinero. Angel hizo cambios en su grupo en los días siguientes y transformó completamente la energía, la interacción e inclusive el resultado de ese grupo. Angel dice que ahora su grupo es como el vecindario de Mr. Rogers-es divertido, inspirador y lleno de amor y motivación.

¿Por qué esto es tan importante?

Tú necesitas entender los deseos del equipo. Recuerda, el 80 por ciento de tu equipo no tiene el deseo de convertirse en un gran productor-ellos sólo quieren ser parte del grupo y divertirse. Y eso está bien. Debes amarlos y apreciarlos. Hazlos sentir bien por ser parte del equipo. Si ellos se sienten que no pertenecen porque no se están esforzando lo suficiente por ser los mejores productores, ellos se irán.

Así que, tómate un tiempo y entra en tu grupo. Revisa las publicaciones que has hecho y pregúntate: ¿Son todas acerca del dinero? ¿Guiones? ¿Reclutamiento o avance en el plan de compensación? Si lo son, entiende que cerca del 80 por ciento del grupo no está siendo tenido en cuenta y lo más probable es que estas personas sientan que están decepcionándote.

Haz que las personas se sientan felices de pertenecer a la organización. Facilítales quedarse.

La pregunta es: ¿Cómo hacemos este ambiente para que personas que están en diferentes niveles adoren estar ahí y no quieran irse? Conviértelo en un lugar excelente para estar, y más personas atraparán la chispa o al menos se quedarán por mucho más tiempo, posiblemente en auto-envío (si tu compañía ofrece esto) y se sentirán felices al respecto.

ANGEL FLETCHER:

El buen liderazgo es la combinación de construir, cuidar y amar a las personas en el punto en que se encuentren, y al mismo tiempo liberar el potencial que tienen. Los buenos líderes de mercadeo en red inspiran a las personas a querer hacer cosas que normalmente no quisieran hacer, para que puedan tener más, hacer más y ser más.

El error más común que veo a los líderes cometer es que ellos tratan de manejar a las personas como si fueran una ''cosa'' y olvidan que las personas no son posesiones que se pueden manejar. Ellas son criaturas hermosas que necesitan ser inspiradas e influenciadas.

Las dificultades-o como me gusta llamarlas, ''creciente agonía''-nunca terminan en esta profesión porque el mercadeo en red está basado en crecimiento eterno.

Con cada próximo nivel hay un próximo demonio que debes superar. Realmente creo que tú mismo creces hasta el próximo nivel —y que, para crecer, debes pasar dificultades. Los mayores obstáculos que enfrentamos los creamos nosotros mismos. El orgullo, el ego y el miedo crean muchos más obstáculos que construir una red.

El mayor beneficio de ser un líder de mercadeo en red es la persona en la que me he convertido en el proceso. Comencé en esta profesión para cambiar la vida de mi familia. Luego decidí crear un cambio en las vidas de otros, y ahí fue cuando ocurrió mi transformación. El que mi corazón estuviera alineado con servir a mi gente, cambió completamente quién era yo. Hoy, estoy lleno de más amor del que nunca había sentido y soy una prueba viviente de que das para poder recibir. Liderar personas ha cambiado mi existencia en este planeta.

Interacción De Otros Líderes

Otra cosa que los líderes preguntan a menudo es: ¿Todos mis líderes no deberían participar en el grupo? ¿Por qué no están ahí, contestando las preguntas de las personas? ¡No están liderando con el ejemplo!

Esto pueda que te sorprenda, pero pienso q es un error que presiones a tus líderes a que interactúen más en el grupo de Facebook. Personas diferentes tienen personalidades diferentes. Si yo hubiera sido obligado por mi líder a responder 20 preguntas al día dentro del grupo del equipo, hubiera sido infeliz. Prefería estar afuera prospectando, haciendo dinero, haciendo otras cosas.

Está bien. No insistas.

Por otro lado, hay personas en tu grupo-líderes y no-líderes por igual-que adoran interactuar con otros. ¡A ellos les encanta! Adoran querer a las personas y ayudarlos.

Escoge las personalidades correctas para que te ayuden con la interacción. No le impongas a tu mejor líder: ´´Hey, tienes que entrar *ahí y felicitar a las personas´´*. Tú no quieres desenfocar a tus mejores líderes de producir.

Cómo Creamos Interacción En Rank Makers

Poco después de que lanzamos nuestro grupo de entrenamiento de mercadeo en red, Rank Makers (rankmakers.com), nos dimos cuenta de que necesitábamos apoyo. Necesitábamos encontrar personas que realmente ahondaran en el grupo y que respaldaran y ayudaran. También fuimos claros acerca de las expectativas. Fui al grupo y dije, ´´Estamos buscando personas que ayuden a construir *la cultura dentro de Rank Makers, y estos son los requisitos´´*.

Ahora bien, en ese entonces teníamos 2000 personas en el grupo. Les dijimos que estábamos buscando personas que estuvieran dispuestas a invertir al menos 5 horas a la semana para ayudarnos con este grupo. 78 personas llenaron la aplicación! Un enorme grupo de 78 dijeron que ellos estarían dispuestos a dar 5 horas a la semana, 20 horas al mes, sin compensación. Ellos entendieron que estábamos en una misión y querían ayudar ya que creían en lo que estábamos haciendo. Hoy por hoy, los embajadores de Rank Makers son muy importantes para nosotros y para el grupo. Aunque no los compensamos financieramente, los premiamos con artículos especiales y más amor.

Hay individuos cuya personalidad hace que quieran involucrarse, amar a otros, celebrar y estar dispuestos a motivarte. Encuéntralos. Ellos están por ahí. Utiliza sus talentos. A menudo, ellos NO serán tus mayores productores ´´En cuánto a dinero se refiere´´ pero una buena cultura no dicta que sólo los productores pueden ayudar con tu grupo.

El Poder de la Atención Personal

A medida que traes personas a bordo, puedes hacerlos sentir bienvenidos. Tu video de comienzo-rápido puede explicar (si necesitas ayuda con eso y otros recursos de liderazgo puedes revisar HigdonGroup.com/teambuilder) que el grupo de Facebook del equipo es un recurso para ellos. También, ocasionalmente cuando puedas, envíale a las personas una nota que sea solamente para ellos, no para todos los del grupo.

Por ejemplo, yo tomo muchas fotos. La última vez que conté, tenía 10,691 fotos en mi teléfono. En serio.

De vez en cuando, quizás una vez al mes, reviso mis fotos, encuentro una foto vieja en la que esté con alguien, y se la envió a través de un texto, un

mensaje o un email. Y le añado una pequeña nota que diga, ´´*Oye, me topé con esta foto, y me acordé de ti. Espero que estés bien*´´. Esto no es algo para hacer de manera grupal, sino un detalle personal-

una atención personal. Oh, y las convenciones de tu compañía son un gran lugar para tomar fotos con personas de tu equipo las cuáles podrás enviarles más adelante.

No tiene que ser una foto, por supuesto. Podría ser otra cosa. Un mensaje de voz de cumpleaños. Una tarjeta en su aniversario dentro de la organización. Un correo electrónico corto que diga, ´´Hey, vi el consejo que le diste a Mary. ¡Fue perfecto!´´ O si te enteras de que alguien tiene un familiar o un ser querido en el hospital, envíale una nota y si puedes costearlo, unas flores. O si sabes que alguien está pasando por una dificultad ya sea personal o profesional, envíale un correo electrónico o un mensaje de voz que diga, ´´Hey, est*oy aquí por si necesitas hablar*´´.

Cualquier cosa.

El punto es comenzar a pensar como conectarte con las personas de maneras más personales.

En nuestra compañía, El Grupo Higdon, tenemos una posición llamada *Director de Crecimiento y Gratitud.* Esto es todo lo que esa persona hace. Su trabajo es enviar regalos de apreciación; *enviar amor.*

¿Qué puedes hacer en tu mundo? Cualquier cosa, no tiene que costar dinero. No tiene que ser un regalo. Puede ser algo aún más importante. Como atención. Y apreciación.

Descubriendo Qué Es Lo Que Hace Que La Gente Se Quede

Entonces, ¿cómo determinas el nivel de deseo de cada persona? Lo primero es siempre comenzar con lo obvio, lo cual es preguntar. Si son inscritos personalmente por ti o alguien de tu equipo que está en contacto contigo, hazles las preguntas mencionadas a continuación, sin embargo, no asumas que todos aquellos a los que no les preguntes son del 5 por ciento (ver la Regla De Thompson discutida anteriormente):

- *''¿Cuál fue la razón principal por la que ingresaste?''*
- *''¿Qué esperas lograr?''*
- *''¿Cómo puedo servirte de la mejor manera?''*

Cuando preguntes, no tomes lo que dicen como si fuera el evangelio. Muchos de los que me dijeron que iban darle con todo, realmente nunca tuvieron la intención o el deseo. Un hecho desafortunado es que el 100 por ciento de las personas que dijeron eso y que lo iban a hacer por un período prolongado de tiempo, nunca hicieron nada. Así que elimina tus emociones y ámalos por lo que sea que hagan, aunque sea algo directamente en contra de lo que te dijeron que iban a hacer.

Esto es especialmente en el caso de que seas del tipo de alta ejecución y motivación, porque ellos querrán ganarse tu aceptación diciéndote lo que ellos piensan que tú quieres escuchar. De todas formas, preguntar es siempre un buen comienzo.

Recuerda que una buena cultura hace que la gente se sienta bien independientemente de su nivel de deseo o de resultados. No debería ser que solamente los que están produciendo sean los que se sientan bien en tu grupo.

Liderazgo y Valores Principales

Hablo mucho acerca de los valores principales porque ellos siempre han sido importantes para mí, y creo que son importantes para cualquier líder.

Una de las definiciones que vi online decía que, *''los valores principales son las creencias fundamentales de una persona u organización''*. También decía que los valores principales *''dictan el comportamiento y pueden ayudar a las personas a entender la diferencia entre lo bueno y lo malo''*. Amén.

Los valores principales no son solamente cruciales en el mercadeo en red, sino en todo-como la crianza. Los buenos padres enseñan valores principales a sus hijos, desde una temprana edad.

Hay dos puntos que quiero resaltar acerca de esto:

- *Primero, los padres inteligentes comienzan a enseñarle los valores principales a sus hijos cuando todavía son jóvenes e influenciables-cuando las lecciones tienen más posibilidades de arraigarse, antes de que se formen lo malos hábitos.*

- *Segundo, enseñar los valores principales y buenos hábitos a los niños cuando están jóvenes (como cepillarse sus dientes) causa menos trabajo y menos dolor para todos más adelante.*

Nada de esto es para sugerir que deberías tratar a las personas de tu equipo como niños. Pero es crucial reconocer la importancia de enseñarle a la gente los valores tan temprano como sea posible, especialmente cuando ellos son nuevos y altamente influenciables-antes de que otros malos hábitos o creencias destructivas tengan la posibilidad de arraigarse.

Enseñarle los valores principales a tu equipo crea menos trabajo, no más trabajo, ya que estás ayudando a modificar un comportamiento que en el futuro te causaría más trabajo a ti.

Sé el Ejemplo, No Sólo de Servicio

Muchos líderes se enorgullecen de que ellos harían cualquier cosa por su equipo. No hay nada malo en eso a menos de que ellos estén haciendo el papel de supervisor versus un jugador activo. Una de las mejores cosas que puedes hacer por tu equipo es ser un buen ejemplo haciendo lo que desearías que ellos estuvieran haciendo lo cual es traer más clientes y distribuidores a la organización. Esto va en contra del líder tipo supervisor que da sobre-entrenamiento. Si tu equipo no se está moviendo, ellos probablemente NO necesitan más entrenamiento de tu parte.

Recuerda que todo lo que hagas, ellos piensan que también tienen que hacerlo. Así que entre más aumentes el entrenamiento y la supervisión, ellos pensarán que también tienen que hacerlo, así como tu rango, y muchos de ellos no quieren hacer eso. Sé que suena raro escuchar eso de mí, un entrenador, decir que tu equipo no necesita más entrenamiento, pero quiero decir específicamente de TÍ.

Cuando entrenamos a los miembros de tu equipo en Rank Makers, siempre les damos una acción a seguir y ellos se dan cuenta de que no soy su patrocinador y no significa que ellos tienen que hacer lo que yo hago o ser como yo.

Ser de ´´Mucho Servicio´´

Hay líderes que malinterpretan el concepto de servir a otros. Ellos piensan que significa *hacer el trabajo por los otros.* Y no lo es.

Una de las trampas del buen liderazgo es cuando los líderes terminan haciendo *demasiado* por su organización. Ellos pasan enormes cantidades de tiempo y de energía construyendo equipos *para* su gente, cuando lo que deberían estar haciendo es enseñándole a las personas a utilizar los sistemas, los recursos y las herramientas *para construir su propio equipo* y duplicarse ellos mismos.

Sólo Estar Disponible para las Cosas Correctas

A menudo, los líderes nuevos actúan como una mamá gallina. Si alguien acude a ellos con un problema o pregunta, ellos pasarán horas en el teléfono. A menos de que estés grabando la conversación para que pueda ponerse en un archivo de entrenamiento más adelante, esto no es duplicable. Por ejemplo, si te pones en el teléfono con cualquiera y pasas cualquier cantidad de tiempo con esa persona, él o ella pensará que así es como se apoya a las personas. Y probablemente ellos no tiene esa cantidad de tiempo. Así que, de cierta manera estás saboteándolos.

Si cualquiera puede tenerte en el teléfono a cualquier hora del día, por cualquier razón, sin importar cuál sea el nivel de actividad de esa persona, no estás operando tu negocio efectivamente. Y esto establece un mal precedente para otros.

Celebra Actividad, No Sólo Rango

Cuando solamente edificas a la persona que ya lo ha logrado, especialmente cuando lo haces una y otra vez, pierdes oportunidades de enfocarte tal vez en los pequeños éxitos nuevos que están ocurriendo.

A menudo escucho de líderes que están haciendo cualquier tipo de reconocimiento como *Martes de Diamante* y ellos reconocen un Diamante que alcanzó ese rango seis años atrás, *pero no han contactado a nadie desde entonces.*

Reconocer logros pasados es un gran gesto, pero ¿qué logra realmente? Nada.

Busca la historia que pasó el mes pasado, la historia de alguien que acabó de inscribir a su primer cliente. La historia de la persona que acaba de alcanzar su primer rango. La historia de la persona que ha tenido dificultades por un largo período de tiempo y finalmente hizo algo. Eso es celebrar actividad. *Eso es motivante.*

Las historias de éxito rápido son habitualmente más desalentadoras que motivantes. Si vas a compartir una historia de éxito rápido, entonces asegúrate de añadir lo que la persona ha superado en su vida para que así la gente pueda celebrar por ellos. Las historias de éxito pequeño o lento son las que deberías procurar compartir más a menudo. Compartir que Lynda obtuvo sus primeros dos clientes después de llevar dos años en el negocio es muy motivante para la mayoría de las personas en tu equipo. Recuerda que los del 5 por ciento no necesitan mucho de este tipo de motivación, pero todos los demás sí, y ellos conforman el 95 por ciento de tu equipo.

La Verdad Acerca De La Duplicación

Pueden existir muchas maneras de hacer dinero en el mercadeo en red, pero la meta del líder nunca cambia-y esa meta es la duplicación. Con eso dicho, hay algo relacionado a la duplicación que es extremadamente malentendido en nuestra profesión y que necesitas entender. Aquí está:

La manera como atraes a las personas no tiene que ser duplicable.

Te exhorto a que leas la afirmación anterior de nuevo, y de nuevo, y de nuevo hasta que la entiendas (por lo cual le pedí a mi editor que lo pusiera en negrita y cursiva).

Por ejemplo, ahora es un hecho arraigado que *es* posible duplicarse usando las redes sociales. Todavía hay muchos líderes quienes argumentan que las redes sociales son muy técnicas y difíciles de aprender-usualmente porque ellos no las entienden.

Por otro lado, hay un gran número de líderes quienes creen que hablando con extraños en estaciones de gasolina y mientras están en la línea para pagar es duplicable, aunque sólo un pequeño porcentaje de cualquier equipo estarán dispuestos a hacer eso.

Lo Más Importante Es Lo Que Pasa ˝Después˝

Si personas en tu equipo quieren hacer contactos en un restaurante o en un lavadero de autos, o en Twitter, o en la clase de Karate de su hijo, no importa. Por supuesto, pueda que sea importante para *ellos,* pero no debería ser importante para ti como líder. Porque como se haya hecho el contacto no es lo que tú quieres duplicar-lo que debe interesarte es lo que los miembros de tu equipo hacen *después* con esos posibles clientes o distribuidores- porque *aquí* es donde ocurre la magia de la duplicación.

Si la pregunta de *cómo* son atraídas las personas fuera la única manera de duplicarse, entonces nunca podrías reclutar a nadie de autoridad. Nunca podrías reclutar doctores, jueces o cualquier presidente de una compañía, o alguien en la política, o una celebridad del deporte, o cualquiera con algún tipo de seguidores o de influencia.

Porque si inscribes a un doctor, ¿y ese doctor coloca sus productos en la sala de espera-y así es cómo los pacientes descubren los productos y fueron iniciados en el negocio-es eso lo que tiene que ser duplicado?

No, por supuesto que no.

Si eso es lo que tuviera que hacerse para reclutar personas y duplicarlas, todos necesitaríamos tener títulos médicos, abrir una oficina de doctor, y poner una sala de espera llena de revistas.

Lo que necesita ser duplicado no es *como* atraes a las personas. Es lo que haces *después* de la atracción-lo que haces *después* de que se ha hecho el contacto inicial. Ahí es cuándo el ´´sistema´´ entra en acción.

Evita Atacar Los Métodos De Las Personas

¿Quieres perder miembros buenos de tu equipo y que te cueste dinero? Ataca las maneras de contactar, reclutar o mercadear que no sean las que tú utilizas. He tenido personas en mi equipo que llaman en frío, ponen anuncios en craiglist, y una vez tuve un hombre que fue de concesionario de carros en concesionario de carros para contactar personas. ¡Todas esas eran maneras que yo NO quería utilizar!

Pero nunca ataqué esos métodos.

Si alguien está tratando de crecer su negocio, ámalo. Por ejemplo, muchos entrenadores enseñan a construir relaciones en las redes sociales, sin darse cuenta de que la mayoría de los miembros de su equipo no saben cómo hacer esto, cuánto tiempo toma, o cuándo pasar al negocio. Como resultado, muchos en su equipo simplemente no hacen nada o envían mensajes por siempre sin ni siquiera preguntarle a la persona si está abierta a escuchar o no.

A menudo los entrenadores bien-intencionados o las personalidades de las redes sociales atacarán el método de ´´ve al punto´´ que yo enseño, porque es una táctica que ellos no usan. Este es un error increíblemente costoso ya que las personas hubieran usado ese método y obtenido resultados en lugar de no tomar ninguna acción.

´´Hay muchas maneras de hacer dinero en el mercadeo en red, pero la meta del líder nunca cambia-y esa meta es la duplicación´´.

-Ray Higdon

#FEL

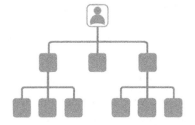

(Toma una foto de esta página y publícala en tus páginas de medios sociales favoritas usando #FEL)

Sé el Modelo Que Quieres Que Tu Gente Duplique

Como líder, necesitas asegurarte de que estás avanzando de la manera que quieres con tu marca personal. ¿Es útil? ¿Es educativa? ¿Es alentadora? ¿Es atractiva o es egocéntrica y enfocada en la venta? Todo lo que haces la fortalece o la debilita. Tú escoges.

No hagas nada que NO quieres que tu equipo duplique o intente duplicar.

Conozco muchas personas catalogadas como líderes de mercadeo en red que enseñan una cosa, pero en secreto hacen otra completamente diferente... y se preguntan porque no tienen duplicación.

Iniciando Personas Nuevas

Si como líder, piensas que tus nuevos distribuidores sienten que necesitan hacer o aprender todo antes de comenzar a hablar con las personas, lo estás haciendo mal.

Por ejemplo, digamos que me uní a tu equipo y tú me dijiste, ´´Okay, Ray, el primer paso es ver todos los 57 videos de entrenamiento que están en la biblioteca de nuestra compañía, son muy buenos´´. Hay una gran posibilidad de que me pierdas. ¡Yo no quiero ver videos-al menos no 57!

Lo mismo pasaría si dices, ´´Okay, primer paso: Identifica el mercado al que te vas a dirigir. Segundo paso: Crea un lema poderoso. Tercer paso: Piensa acerca de cómo vas a lanzar tu página de internet´´. etcétera, etcétera, etcétera. Si este es tu proceso para iniciar a los nuevos distribuidores, lo estás haciendo mal.

Cuando las personas nuevas sienten que han saltado a través de una serie de aros y que han aprendido un montón de cosas, no estás solamente *incorporándolos* de la manera incorrecta, ¡sino que podrías estar dirigiéndolos a que se salgan!!!

Incorporando Personas de la Manera Correcta

Si no has entendido la indirecta, nunca deberías tener un proceso de iniciación interminable. Las personas no necesitan saberlo todo acerca de la compañía, los beneficios de cada producto, o detalles minuciosos del plan de compensación antes de que puedan avanzar. Entre más grande, complicado e intenso sea tu proceso de iniciación, menos probabilidades de que vayas a obtener dos cosas que realmente quieres:

1. *Que la persona se quede.*
2. *Duplicación.*

Siempre habrá personas que tendrán un deseo masivo, determinación y ética de trabajo-tanto, que inclusive si tu proceso de iniciación es mediocre, ellos aun así tendrán resultados. Si tu proceso es muy largo y complicado, vas a perder algunas personas que lo hubieran hecho si solamente hubieras hecho las cosas más simples.

Años atrás, le preguntaría a una persona nueva: *´´¿Quiénes son los 10 amigos y miembros de tu familia que vas a contactar?´´* y si ellos estaban reacios a dar nombres, los presionaba-y ellos renunciaban. Así que pensé: *´´¿Cómo puedo hacer esto de una manera diferente?´´*

Entonces empecé a preguntar, *´´Está bien, ¿cómo quieres construir esta cosa?´´* Cuando hice esta pregunta, las personas siempre me daban la respuesta correcta. *Siempre.* ¿Cómo es posible eso? Es porque lo que sea que ellos dijeran, mi respuesta era, *´´Impresionante, ¡Eso es genial!´´*

Ahora, en el fondo de mi mente, estoy pensando acerca de cómo iba a hacer para que ellos fueran a un evento de la compañía y lograr que escucharan de otras personas lo importante que es contactar a su mercado caliente. Y cuando ellos lo hicieron, salieron del evento y me dijeron, *´´Sabes Ray, pienso que voy a contactar a mi mercado caliente´´. Y yo diría, ´´¡Excelente! Buena idea´´.

La mejor parte de la idea consistía en que era *su* idea, no la mía. Ellos se convirtieron en los dueños de la idea-*porque era de ellos.*

Entrenando en el Orden Lógico de ´´Y Sí?´´

Dentro de *Rank Makers* (nuestro grupo de afiliación), te enseñamos a ti y a tu gente los procesos para contactar, construir equipo y hacer cierres. ¿Y sabes qué es lo que enseñamos primero? El *Cierre*. Esto suena un poco al revés, ¿verdad?

Aquí está la razón por la cual el cierre es la primera cosa que enseñamos:

Si la primera habilidad que se le enseña a alguien es como ir y buscar prospectos, ¿qué pasa cuando lo logren? Lo que pasa es que la persona contacta a alguien, y el prospecto dice, ´´Seguro, le echaré un vistazo.´´

Okay, y ahora qué?

Nosotros le llamamos a esto: la pregunta del ´´¿Y qué si consigo mi deseo?´´

¿Y qué pasa si ellos encuentran un prospecto, y el prospecto está interesado? Ellos no están listos para proceder. No saben qué hacer.

Si alguien consigue un buen prospecto, pero no sabe qué hacer con él/si el prospecto muestra interés, esa persona está en problemas. Obtuvo lo que quería-un prospecto-pero no tiene ni idea qué hacer con él. Este individuo no solamente se sentirá estresado, probablemente haya quemado un gran prospecto porque no estuvo listo y manejo mal la situación.

Es como poner un pescado en un anzuelo, pero nunca haber aprendido cómo sacar el pescado del agua, sacarlo del anzuelo y meterlo en la nevera. La primera cosa que enseñamos es el último paso, no el primero.

¿A Quién Estás Liderando? (Cuatro Tipos de Personas)

Cuando el Presidente Jack Welch lideró General Electric, él identificó cuatro tipos de empleados. Aunque nosotros no tenemos ´´empleados´´ en el mercadeo en red, comparto esto porque pienso que estos cuatro tipos de personas son todavía acertados y útiles en el entrenamiento sobre el liderazgo.

- *Primer tipo: Las personas que logran sus metas y comparten los valores principales de la compañía. Liderar este tipo de persona es simple: Lo haces con amor, apreciación, y manteniéndolos alrededor de la fogata del equipo.*

- *Segundo tipo: Las personas que no logran sus números y NO comparten los valores principales de la compañía. ¿Cómo lideras a este tipo de persona? No lo haces. Ellos deben irse. En el mundo del mercadeo en red, nosotros no despedimos personas, pero no tienes que darles a estas personas tu tiempo y tu atención. Esto puede incluir que ellos necesiten ser eliminados del grupo de Facebook de tu equipo.*

- *Tercer tipo: Las personas que no son grandes productores, pero comparten los valores principales de la compañía. ¿Cómo lideras a este tipo de personas? Les das mentoría y los ayudas a ser mejores. Alguien que no está ejecutando a un alto nivel, pero cree en los valores principales de tu organización es más importante que alguien que produce, pero no cree en ellos.*

Y esto nos lleva al último tipo:

- *Cuarto tipo: Las personas que están produciendo, pero no comparten los valores principales de la compañía. ¿Qué haces con este tipo de personas? Esta es la situación más difícil de todas, pero, a fin de cuentas, ellos también deben irse. Esta es la más difícil. Muchos líderes se aferran a los productores tóxicos por demasiado tiempo y pierden a muchos productores en potencia.*

Una vez tuve una persona en nuestra organización que lo hizo muy bien en lo que se refería a cumplir con los números, pero causó una enorme cantidad de enfrentamientos y conmoción entre todos los demás miembros del equipo. Fue un problema serio.

De nuevo, personas como esta no pueden ser *despedidas*. No puedes cancelarles su tarjeta de crédito y literalmente *despedirlos* del equipo. Pero no tienes que darle el protagonismo, reconocimiento o acceso al grupo.

Algunos de ustedes leyendo esto están asustados de hacerlo. Yo lo entiendo. Pero no afrontar situaciones como esta detendrá el crecimiento de tu equipo. Otras personas ven lo que está pasando, y saben que estás permitiéndole a la persona tratarte mal a ti y a todos los demás.

Si quieres crecer, aparta cualquier productor que ocasione drama, porque el mal comportamiento de una persona puede apagar otros 10 líderes potenciales. Tu gente buena *se irá* para otra compañía en lugar de permanecer alrededor de un ambiente negativo.

Drama, negatividad, cinismo, escepticismo, y agresividad no pueden ser tolerados. Si pierdes un gran productor, puedes tener una pequeña caída. Pero a la larga vale la pena porque separa los líderes reales que crecerán, perdurando el éxito. Después de todo, Jack Welch no era un líder increíblemente efectivo a través de la debilidad.

Los Buenos Líderes Facilitan Las Cosas

¿Recuerdas la frase de Verne Harnish acerca de los líderes, que compartí anteriormente? ´´*El papel del líder es facilitar las cosas*´´.

No podría estar más de acuerdo.

Todo lo que le sugieres a tu equipo necesita ser puesto a través del ´´Test Más Fácil o Más Difícil´´:

Lo que le estoy enseñando a la gente, ¿lo va hacer más difícil o más fácil para ellos? ¿Más difícil o más fácil para ser exitoso? ¿Más difícil o más fácil para que se dupliquen?

Si la respuesta es no, busca una manera más simple. Mantenlo simple para que cualquiera pueda hacerlo sin importar su trayectoria, credibilidad o inclusive su personalidad.

Algunos líderes tienen este gran proceso de 500 pasos técnicos que incluye hacer que las personas configuren su propia página de internet, carrito de compras, cuenta mercantil-todo tipo de cosas. La persona promedio sencillamente no puede hacerlo. Y aunque ellos *puedan,* no quieren.

La dificultad es el enemigo de la ejecución y sin duda te detendrá de alcanzar los rangos altos. En cada paso necesitas preguntarte: ¿Puede una persona promedio, sin mucho tiempo, sin mucho dinero-y sin conocimiento *sobre computadoras o redes sociales-seguir tu proceso y tener éxito?*

Si la respuesta es no, entonces tienes un problema.

Por lo tanto, nunca les exigiría a las personas de mi equipo que usen las redes sociales. Y si ellos quieren, los instruiría de la forma más básica, siempre haciéndolo simple y fácil para ellos.

Nunca quieres estar ahí para ´´impresionar´´ a las personas compartiendo lo inteligente que eres con las redes sociales. Al contrario, haz el negocio simple.

Por ejemplo, veo muchos líderes en el escenario o en entrenamientos asumiendo que los miembros de su audiencia tienen cierto (más elevado) nivel de educación. Ellos hablan por encima de su nivel de conocimiento por al menos 90% de su presentación sin ni siquiera saber que lo están haciendo.

Mi meta nunca fue hacer que las personas pensaran que tan inteligente soy, sino al contrario, lo simple que es el negocio. Así que, cuando estoy en un escenario, nunca impacto a las personas con 50 consejos para las redes sociales, porque las personas no pueden procesar eso.

Ahora, eso no significa que no puedes compartir material en un video-algo que puede ser rebobinado, reproducido, y transcrito por las personas para aprender y estudiar si ellos quieren. Probablemente también quieras hacer esto en un blog. Hacer esto es efectivo y completamente apropiado, si no lo estás presentando muy rápido en el proceso de entrenamiento y desarrollo y haciéndoles creer que ellos deben saberlo *antes* de contactar a alguien.

Los Líderes No Son Tacaños Dándole Crédito A Otros

Mi jefe favorito del mundo corporativo, una señora de nombre Maggie, me dijo una vez: ´´Si quieres que algo se haga, tienes que estar dispues*to a darle crédito a alguien más´´*. Anterior a eso, yo quería crédito por todo lo que hacía.

Pero ella tenía razón.

La meta de un líder siempre debería ser lograr que las cosas se hagan, no, obtener el crédito. Decide que es lo que quieres hacer, consigue ayuda de otros, y ponte en disposición de dar algo de crédito. Mejor aún, ponte en disposición de dar todo el crédito-públicamente a otros-aún si estuviste envuelto. Inclusive si fuiste fundamental. Aún si la cosa fue idea tuya, dale el crédito a alguien más. No solamente lograrás hacer las cosas, sino que la persona a la que le diste el crédito lo sabrá. Y lo apreciará. Y luego haz lo mismo en tu línea descendente.

Hacer las cosas es el nombre del juego. No obtener el crédito. Y no te preocupes, el banco te dará el crédito.

El Líder Extrovertido Versus El Introvertido

Las personas preguntan con frecuencia: *Si un líder es introvertido, ¿hay algo diferente que necesita hacer?* La gran pregunta es: ¿La persona que es introvertida puede desarrollar un equipo? La respuesta que estoy a punto de darte pueda que te sorprenda.

Creo fuertemente que *los introvertidos tienen una ventaja sobre los extrovertidos*-una gran ventaja, de hecho. Son los *extrovertidos* los que están en *desventaja*. Esto es totalmente opuesto a lo que la mayoría de las personas piensan, por supuesto. Y la razón es: *que el poder del mercadeo en red está en la duplicación, no en las transacciones.*

Esto es lo que quiero decir.

En cualquier otro tipo de ventas, no importa lo que se esté vendiendo-carros, seguros, ropa, aviones, lo que sea-la mayoría de las personas haciendo la venta son extrovertidos. Y, como es el caso de la mayoría de los extrovertidos, su éxito es a menudo debido al carisma, la personalidad, la capacidad de hablar en público, y otras habilidades avanzadas para persuadir.

Así que, cuando un extrovertido llega al mercadeo en red, hace lo que siempre ha hecho-usa sus talentos y habilidades de extrovertido para reclutar personas en su equipo. Llama a todos los que conoce y dice, ´´Oye, estoy haciendo esta cosa. Tú m*e conoces, le voy a dar duro. Deberíamos hacerlo juntos, ¡vamos!´´*

Cuando el prospecto que está siendo reclutado dice *sí* y se une al equipo, el resultado es lo que nosotros pensamos que es una *transacción* exitosa-como cuando alguien compra un carro o un computador, se ha hecho una *venta*. Pero el extrovertido ha creado un problema para él mismo, porque crear una *transacción* es solamente una de dos metas. La otra meta debería ser crear un sistema de *duplicación*.

El problema con usar el carisma y el poder de la personalidad como herramientas para reclutar es que no pueden ser duplicadas-esas *no son habilidades transferibles*.

Cuando abordas personas usando personalidad y carisma como la herramienta principal para atraer, pasará una de dos cosas:

1. *La persona se inscribirá, pensando que necesitará ser tan carismático como eres tú si quiere ser exitoso, o...*

2. *La persona no se inscribirá, porque piensa que nunca será capaz de duplicar tu personalidad.*

Por esto es que los extrovertidos están en una desventaja comparados con los introvertidos. Inclusive si logran que la persona se inscriba (una transacción exitosa) han fallado en la tarea más importante, que es crear un sistema de duplicación.

´´El problema con usar el carisma y el ´poder de la personalidad´ como herramientas de reclutamiento, es que no pueden ser duplicadas- esas no son habilidades transferibles´´.

-Ray Higdon

#FEL

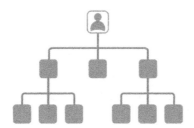

(Toma una foto de esta página y publícala en tus redes sociales favoritas usando #FEL)

La Ventaja Del Introvertido

Aquí es dónde los introvertidos tienen una ventaja sobre los extrovertidos en el mercadeo en red. Cuando un introvertido recluta a alguien-usando las herramientas creadas precisamente para ese propósito-él está demostrando un sistema diseñado para la duplicación.

Ahora bien, cuando llegue el momento de enseñarle a la gente a contactar y a reclutar, el introvertido puede decir, ´´Sólo haz lo que yo hice cuando te abordé. Usa las herramientas *y di la historia de la compañía*´´. El resultado será un suspiro de alivio. Ellos dirán, ´´uff, ¿quieres decir que no tengo que aprenderme largos guiones? ¿No tengo que ser un gran personaje, que no soy? ¿Todo lo que tengo que hacer es usar las herramientas?´´

Si.

Eso es lo que todos tienen que hacer. Usar las herramientas.

Las herramientas son más poderosas que la personalidad porque usar las herramientas es un proceso duplicable. Como dice mi buen amigo Eric Worre, ´´No se trata de lo que funciona, *se trata de lo que se duplica*´´.

Los extrovertidos a menudo se rehúsan a usar las herramientas de la compañía porque sienten que ellos pueden hacer un mejor trabajo con la personalidad y el carisma. Y están en lo cierto, pero sólo en términos de generar transacciones-no en términos de duplicación.

El verdadero poder del mercadeo en red está siempre en tu poder de duplicarte. Y no cometas errores: Hay muchos más introvertidos por ahí que extrovertidos. Así que mejor ve pensando acerca de entrenar introvertidos para tener éxito, y eso requiere herramientas de duplicación transferibles.

Si eres un introvertido que se ha reprimido de entrar en un papel de liderazgo porque piensas que no tienes la ´´personalidad´´ para ser exitoso, estás equivocado. Puedes ser tan efectivo, si no más, que personas que son extrovertidas y sociables. Si eres extrovertido, es esencial que dependas de las herramientas que cualquiera puede usar, para de enfocarte en tu porcentaje de cierre, y enfócate más en traer personas a través de un proceso duplicable.

Maximiza Tu Tiempo de Entrenamiento

Como mencioné anteriormente, los líderes de mercadeo en red nunca deberían pasar 45 minutos en el teléfono con alguien, enseñándoles una habilidad o entrenándolos para hacer una tarea, sin grabarlo. Aquí está el porqué:

Primero, dentro de 48 horas la persona que acabas de entrenar no va a recordar ni la mitad de lo que dijiste, y nunca podrás reproducirlo porque no lo grabaste.

Segundo, cuándo alguien viene a mí y dice, ´´Hey Ray, quiero contactar a un antiguo compañero de trabajo. Sólo *que no estoy seguro qué decirle´´*, Yo puedo decir, ´´Excelente pregunta. *En el archivo de videos hay un breve video que habla sobre eso. Ve y revísalo´´*.

O si alguien tiene un problema que nunca he escuchado antes, y es algo que necesita ser atendido, Yo diría, ´´Te diré lo que voy a hacer. Voy a colgar y voy a hacer un video sobre esto, y lo tendremos en el archivo de entrenamiento. De esa manera cada *que necesites revisarlo, o tengas a alguien que necesite revisarlo, simplemente dirígelo aquí´´*.

Esto es maximizar tu tiempo de entrenamiento y sirve como ejemplo para tu equipo. Les estás enseñando a maximizar su tiempo, y enseñándole a las personas cómo enseñar.

Premia La Acción, No La Planificación

Cuando las personas están emocionadas acerca de la idea de ser uno de los distribuidores más grandes, y están extremadamente motivados, estupendo. Y cuando ellos vienen a ti y te dicen que tienen un plan, apóyalos. Estar emocionado y tomarse el tiempo para crear un plan es una buena señal. Así que, seguro, ellos merecen una palmadita en la espalda. Pero por simplemente tener entusiasmo o incluso un plan no deberían obtener un tiempo sustancioso de tu parte-*solamente debería obtenerlo su actividad.*

Yo no entendí esto en mi carrera anteriormente. Recuerdo que una vez recluté un hombre en Boston, y él dijo, ´´Escucha Ray, voy a conseguir mucha gente para hacer un evento aquí, ¿puedes venir y hacer la presentación? ¡Pondré 100 personas en ese cuarto!´´

En ese tiempo, salté en un avión y volé a Boston sin entender la diferencia entre *planes* y *acciones.* Cuando llegué ahí, la única persona en el cuarto era el distribuidor. Cuándo él se dio cuenta de lo mal que había sobreestimado lo que podría hacer, hizo unas pocas llamadas desesperadas y logró arrastrar a su escéptico y cínico hermano hasta ese lugar. Eso fue todo. Yo gasté miles de dólares para volar hasta ahí. Peor aún, malgasté mi tiempo.

Si alguien te dice que está listo para darle con fuerza y llevarlo a cabo, ¡eso es genial! Pero eso no significa que se ha ganado tu tiempo.

Tu Tiempo Es Tu Recurso Más Importante

Cuando alguien se une a tu equipo o compra tu producto, no es tu dueño. Ser parte de tu grupo de Facebook o incluso obtener tu tiempo y atención no es un derecho, es un privilegio.

Deberías ser un lunático acerca de tu tiempo. Si entregas tu tiempo muy fácil, probablemente no estás siendo efectivo. Podrías pensar que mostrar que te importa significa regalar todo tu tiempo.

No lo es.

El otro gran problema es, que estás enseñando un mal paradigma. Tu gente ve lo fácil que das tu tiempo, y piensan, ´´oh, yo no podría ser un líder. Yo no puedo *regalar esa cantidad de tiempo´´*. Y se sabotearán ellos mismos porque ¡no quieren llegar a ser como tú! Operando de esta manera, estás perdiendo dinero y personas.

El liderazgo no es solamente acerca de desarrollar habilidades y adquirir conocimiento. Es acerca de utilizar efectivamente tus habilidades y conocimiento mientras operas de una manera que no desanime a los otros. No me malinterpretes. La buena ética de trabajo importa. Pero si lo haces todo para todos, sabotearás a las personas de trabajar para alcanzar tu rango.

Asigna Tareas Basadas En La Acción

Cuando alguien se une a tu compañía, el paquete de bienvenida no viene con un certificado de esclavitud de tu parte. Nadie obtiene toneladas de mi tiempo personal solamente porque está respirando oxígeno. Yo puedo escoger con quién paso mi tiempo personal. Tú también.

Cuando estaba construyendo una organización de mercadeo en red, ¿cómo decidía quién obtenía mi tiempo personal? Muy simple, les daba a los miembros de mi equipo tareas basadas en acciones, algunas veces acompañadas con metas específicas orientadas a resultados. En otras palabras, ellos se lo tenían que ganar.

Cuando un miembro del equipo solicite tu tiempo, di algo como: ´´Maravilloso. Lo primero que necesitas hacer *es ir y hablarles a 10 personas. Luego me informas cuando lo hayas hecho´´*. No tiene que ser prospectar-aunque, por mi experiencia, prospectar *es* una tarea muy efectiva-pero necesitas asignar algún tipo de actividad para que la persona realice.

Un día, un nuevo distribuidor de mi equipo llamó y preguntó, ¿´´Que se necesita para hacer que vengas a Inglaterra y hagas una reunión con mi gente?´´ Yo le expliqué como trabajo. Le dije, ´´Alcanza *150 personas en el equipo en tu área, y yo volaré hasta allá´´.*

Él entendió y dijo, ´´Ok, genial´´. Alrededor de ocho semanas después, él me contactó y me dijo, ´´Muy bien, ya lo *hice. Revisa mi oficina virtual´´.* Revisé su oficina, y vi que él había hecho la tarea.

Un par de meses después, fui a Inglaterra-porqué él hizo que sucediera.

Si las personas piden tu tiempo, dales tareas. *Tareas específicas basadas en la acción.* Luego, cuando las hayan terminado, puedes darles algo de tu tiempo porque se lo han ganado.

No estoy diciendo que ignores a los miembros de tu equipo. Estoy diciendo que seas mejor con grandes cantidades de tu tiempo personal. A menudo, los líderes invierten una cantidad ilimitada de tiempo en alguien que sólo quiere atención, no resultados. Debes preocuparte por tu equipo, sin duda alguna, pero recuerda que también estás:

- *Enseñándoles cómo tratarte, y...*
- *Siendo el modelo para ellos.*

Cuando Las Personas No Están Teniendo Resultados

Lo que pasa cuando asignas tareas, y los miembros del equipo vuelven a ti y dicen: ´´Hey, Estoy haciendo todo lo que me dijiste que hiciera. Estoy usando los guiones que me *dijiste que usara, sin excepción, palabra por palabra, pero no estoy teniendo resultados´´.*

¿Cuál es la mejor forma de manejar esto?

Primero, maneja sus expectativas. Recuérdales que toma tiempo construir un negocio exitoso, que los resultados no siempre pasan inmediatamente. (Nota: Estas expectativas deberían haberse establecido mucho antes de este momento, preferiblemente antes de que se inscribieran, así que este es simplemente un recordatorio saludable.)

Segundo, confía en que te están diciendo la verdad, luego verifica para ver si ese es el caso. ¿Y sabes qué? En la mayoría de los casos cuando las personas afirman que están haciendo exactamente lo que les han dicho que hagan, pero no están teniendo los resultados, no lo están haciendo realmente. Ellos *afirman* que lo están haciendo. Ellos *piensan* que lo están haciendo. Pero no lo están.

Por ejemplo, he tenido personas jurar, ´´Ray, est*oy hablando con personas en las redes sociales exactamente de la manera en la que me enseñaste, estoy diciendo exactamente lo que tú dices, lo he estado haciendo por 30 días y no he podido reclutar a nadie´´*. Entonces yo les digo: ´´Okay, envíame algunas capturas de pantalla. Envíame algunas capturas de *pantalla de tus conversaciones´´*.

(Nota: NO sugiero que revises las conversaciones de todos, no te conviertas en una muleta para ellos. Pero algunas veces tiene sentido para aquellos que están haciendo el trabajo, simplemente para hacerles una revisión si ellos están frustrados.)

En este punto, esto es lo que pasa regularmente: Ellos no envían ninguna captura de pantalla, así que tal vez no estaban haciendo el trabajo. O envían el trabajo y no estaban haciendo lo que dijeron que estaban haciendo.

La verdad es, que hay personas en el mercadeo en red que quieren atención más que resultados. Esto es importante que todo líder exitoso lo entienda.

''La verdad es, que hay personas en el mercadeo en red que quieren atención más que resultados. Esto es importante todo líder exitoso lo entienda''.

-Ray Higdon

#FEL

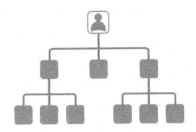

(Toma una foto de esta página y publícala en tus redes sociales favoritas usando #FEL)

Entrenamiento Versus Inspiración

Un error que veo cometer a los líderes es que se enfocan en el grupo y paran de producir por ellos mismos. Lo que me recuerda una historia acerca del comediante Jerry Seinfeld.

Estaba este comediante nuevo quien una noche, antes de subirse al escenario, se tropezó con Jerry Seinfeld. En ese momento Jerry ya era una leyenda en el negocio, así que el comediante nuevo le preguntó, ´´¿Jerry, que consejo me darías?´´ Jerry respondió, ´´Comprométete a escribir chistes todos los días. Consíguete un calendario grande, y haces eso todos los días, solamente pon una X en ese día, y crea una conexión encadenada que nunca termine. *Yo he hecho eso por 29 años*´´.

Sin importar en lo exitoso que él se había convertido, Jerry Seinfield todavía producía por sí mismo. Personalmente. Todos los días.

Producir, para ti, o para cualquiera en el mercadeo en red es preguntarles a las personas si están abiertos a tu producto, servicio u oportunidad. Cualquier otra cosa es prepararse para producir, pero no es producir.

Los líderes a menudo caen en una trampa, pensando en que la razón por la que alguien no está desarrollando su potencial es porque no ha recibido suficiente entrenamiento. Proporcionar más entrenamiento no es regularmente la respuesta. El problema no es falta de información. Es falta de inspiración. Brindar inspiración es la respuesta.

Haciendo A Las Personas Independientes

Por lo general, me he dado cuenta de que la mayoría de las personas en el mercadeo en red ven el liderazgo como *todo lo que deben hacer para dirigir a su equipo*. Y tienden a pensar que, si el líder hace bien su papel, esto es increíblemente agotador.

Pero el liderazgo, si se ejerce de la manera correcta, es menos trabajo, no más trabajo. De nuevo, piensa: fácil.

Cuando estaba construyendo un equipo en el mercadeo en red, mi meta era convertir a las personas en guerreros (al menos aquellos que querían convertirse en guerreros). Quería hacerlos sentir a prueba de balas, imparables e independientes. Porque para mí, crear dueños de negocio independientes-enseñarles las habilidades que ellos necesitan, cómo usar las herramientas, y los valores principales que ellos deberían mostrar al mundo-ese es el *verdadero* liderazgo.

Lo opuesto a esto es lo que llamo un liderazgo *agradable*. Agradable significa:

Nada Dentro de Mi Me Importa Lo Suficiente.

Esto no es para decir que los líderes *agradables* no hacen cosas por la gente, o que ellos no sirven a otros. Por el contrario, los líderes *agradables* son de tanto servicio que adoptan la estrategia de ´´Déjame hacer todo por ti´´:

- *Déjame hacer el pedido por ti...*
- *Déjame hacer una llamada entre tres por ti...*
- *Déjame...déjame...déjame...*

El líder agradable escucha a su gente tratando de reclutar a alguien por su cuenta, e inmediatamente dice, ¿´´Trataste de reclutar a alguien sin involucrarme?´´ Y no lo está diciendo como, ´´Sí, ¡así se hace!´´ Eso sería buen liderazgo. Lo está diciendo como, ´´¿Por qué me dejaste fuera?´´ Sabes que te hubiera ayudado.´´ Y eso es malo. Muy malo.

Como ves, agradable no es agradable. Es lo opuesto a ser agradable. Significa:

- *Nada Dentro de Mi Me Importa lo Suficiente para darte las herramientas que necesitas para hacerlo por ti mismo.*
- *Nada Dentro de Mi Me Importa lo Suficiente para enseñarte cómo tomar decisiones sin mí.*
- *Nada Dentro de Mi Me Importa lo Suficiente para convertirte en un adulto, porque disfruto sintiéndome como tu padre/madre.*
- *Nada Dentro de Mi Me Importa lo Suficiente para cortar el cordón umbilical y hacerte independiente para dirigir tu propio negocio sin mí.*

El líder ´´agradable´´ piensa que está haciendo bien, pero en realidad, detiene a su equipo de ser independiente mientras retrasa su propio crecimiento ya que nadie quiere ser la mamá gallina como lo es él.

Pregúntate a ti mismo como líder: ¿Que le pasaría a tu amado equipo si fueras atropellado por un bus? Si la respuesta es que el equipo pasaría trabajos, entonces no lo estás haciendo bien.

Hacerte indispensable NO es la manera en la que el mercadeo en red está supuesto a ser. La clave mayor en el liderazgo del mercadeo en red, y esto será difícil de tragar para algunos, es hacerte irrelevante. El equipo debería ser capaz de producir sin ti y tú no tienes que ser un esclavo que limpia su trasero.

Los líderes increíblemente efectivos en el mercadeo en red se preguntan constantemente: *¿Los miembros del equipo están preparados con las herramientas, los recursos, los valores principales, la resistencia y la competencia para avanzar y desarrollarse, crear impulso, y cambiar el mundo? O, si soy atropellado por un bus, ¿ellos estarán* *totalmente perdidos sin mí?*

Tu meta como líder es hacer a las personas *independientes* de ti, no *dependientes de ti*. Sí, deberías estar dispuesto a enrollarte las mangas y buscar abajo para ayudar personas. Pero resiste a la tentación de hacerlos dependientes de ti. Enfócate en crear miembros de equipo que sean tan auto-suficientes e independientes de ti que puedan continuar por ellos mismos-*y* sentirse bien por ello.

Al final, tú-como el líder-no estás sobrecargado con tareas y responsabilidades. Ellos son libres y tú también, por lo cual el verdadero liderazgo realmente no es más trabajo.

Es menos trabajo.

La Trampa de Enseñar en Exceso

A menudo, los líderes creen que el entrenamiento es la solución a prácticamente a todos los problemas. Así que proporcionan más entrenamiento. Enseñarle más y más a tus distribuidores no es necesariamente la mejor idea.

Espera, Ray, ¿pero eso no es todo lo que haces ahora? ¿Enseñar? Sí, mi compañía proporciona entrenamiento a los líderes y distribuidores de mercadeo en red. La diferencia es, que eso es *todo* lo que nosotros hacemos. Pero tú, el líder de un equipo, tiene muchas actividades y tareas diferentes a enseñar, que podrías y deberías estar haciendo.

Soy un gran seguidor de aprender de tu patrocinador, pero si el patrocinador está dando entrenamiento todos los días-Quiero decir, como, ¿hacer un entrenamiento en vivo todos los días-entonces adivina qué? Algunas de las personas pensarán que enseñar todos los días es algo que ellos tienen que hacer para alcanzar tu rango.

Y ese es un problema (realmente dos problemas).

- *Uno: Habrá personas quienes o no creen que tienen lo que se necesita para entrenar a otros, o ellos simplemente no quieren trabajar tan duro. Ellos se dirán a sí mismos, "Yo no quiero ser un entrenador y eso es lo que mi patrocinador hace siempre. Yo no quiero hacer eso".*

- *Dos: Si ellos deciden repetir tus acciones, se convertirán en referentes de entrenar excesivamente a su gente.*

En cualquier caso, puedes haber saboteado el éxito de otras personas en lugar de ayudar a garantizarlo.

Si estás en este ciclo de entrenamiento en exceso, pueda que quieras retroceder. No enseñes sólo por enseñar.

Esta es una de las razones por la que hemos sido exitosos con nuestro grupo Rank Makers-dando una buena porción de entrenamiento.

Por cierto, nunca hacemos un entrenamiento en Rank Makers sin acompañarlo de una acción. Esta es la razón principal por la que tenemos un promedio de 60-100 avances de rango cada semana.

Esto le quita un peso de encima a los líderes y al mismo tiempo les muestra a las personas en sus equipos cómo utilizar recursos externos para obtener entrenamiento sin necesidad de tener que hacerlos ellos mismos.

Aquí hay una lección importante. Sí, las personas deben recibir entrenamiento si quieres que tengan éxito. Pero no tienes que hacer todo el entrenamiento tú mismo. No deberías.

(Para más información acerca de lo que ofrecemos en Rank Makers, visita: www.IsRankMakersLegit.com)

Cuando Alguien Tiene Dificultades

A menudo las personas preguntan cuánto tiempo deben trabajar con alguien que no está haciendo lo que tú le enseñaste que hiciera. Generalmente hay tres razones para esto:

1. *Ellos no están dispuestos a hacer el trabajo.*

2. *Ellos están temerosos de tomar acción.*

3. *Ellos no están en el negocio por resultados; están ahí por atención.*

La primera situación es cuestión de *vagancia,* y las personas que son perezosas quieren que hagas su trabajo por ellos. No te dejes engañar.

La segunda situación es una cuestión de *miedo.* El miedo puede ser afrontado algunas veces-no siempre, por supuesto, porque el miedo de una persona puede estar tan arraigado que nunca se irá. Pero vale la pena tratar.

La tercera situación es la más interesante y traicionera. Porque hay personas que no están para nada interesadas en los resultados- lo que están buscando es tu tiempo y tu atención. Si ellos pueden obtener tu tiempo y tu atención, están satisfechos. No están participando por los resultados. Ellos están participando por la atención.

¿La peor parte de la situación? Si les das tu tiempo y tu atención, los estás premiando por no hacer el trabajo. Les has dado lo que ellos querían. Ahora, ellos querrán aún más.

La mejor manera de abordar cualquiera de los tipos, o todos, es encontrar y compartir historias de éxitos pequeños o lentos en tu compañía. Compartir que a Joey le tomó dos años obtener su primer cliente y ahora está en un rango decente es un aire de esperanza para mucha gente.

No Te Sientas Amenazado Por El Entrenamiento ´´Externo´´

Por supuesto que los líderes no tienen que invertir en ellos mismos y obtener orientación o entrenamiento externo. Sin embargo, una cosa que les cuesta mucho dinero y personas de calidad es cuando ellos descubren que uno de los miembros de su equipo ha decidido invertir en él mismo con un entrenador o adiestramiento externo y ellos atacan esa acción.

He visto bastantes personas increíbles que amaban su compañía y querían crecerla, contratar a un entrenador o mentor externo y entonces ser criticados por su patrocinador. Ellos odiaron tanto la manera en la que ese líder los hizo sentir que se retiraron de esa compañía y se unieron a un equipo diferente.

No permitas que esto te pase a ti. Hay personas que no quieren promover entrenadores externos porque están preocupados de que su gente comenzará a seguir a esa persona por encima de ellos. Ahora, ¿hay entrenadores de afuera sin ética buscando robarse tu equipo? Desafortunadamente sí. Así que, si fuera tú, yo indudablemente sería cuidadoso con quién introduces a tu equipo ya que hay algunas serpientes allá afuera. Pero asumir que todos son serpientes no es una buena idea, y puede costarte mucho dinero perdiendo buenas personas.

No puedes ser paranoico con que ´´todos´´ están ahí afuera para reclutar a tu gente. De igual manera, no puedes estar asustado de que serás opacado por alguien más mientras tengas personas de alta calidad que están invirtiendo en ellos mismos.

Así que, si tu patrocinador te está diciendo, ´´No te atrevas a comprar *entrenamientos de alguien más*´´, él está operando con una mentalidad de escasez.

En mi caso, siempre he sido una persona que compra muchos cursos de diferentes entrenadores. Yo invierto en entrenamiento, y pertenezco a muchos grupos de mentes maestras.

Cuando alguien en tu organización obtiene formación o entrenamiento de otro entrenador, di algo como, ´´*¡Así se hace! ¡Excelente!*´´ Aunque no te guste la persona que está haciendo el entrenamiento, debes reaccionar positivamente. ¿Porqué? Porque cuando alguien busca más información, eso habla bien acerca de la tenacidad y la disposición que tiene esa persona para aprender (independientemente, debo añadir). Y reaccionar en una forma positiva habla bien de ti.

¡Emociónate! El hecho de que ellos están buscando más información muestra que están serios acerca del crecimiento y quieren mejorar para construir un negocio de mercadeo en red.

Ofenderse porque las personas esquivan o salen de tu liderazgo y enseñanza es un gran error por dos razones:

1. *Tu gente más débil se quedará (y probablemente hablará a tus espaldas).*

2. *Tu gente más fuerte se irá (sin importar cuánto dinero estén haciendo).*

Nunca te sientas amenazado porque alguien está tomando entrenamiento de alguien más. Acéptalo. Y si te sientes amenazado por eso, pregúntate porqué. ¿Es porque en el fondo sabes que necesitas crecer y desarrollarte para ser un mejor maestro? ¿Un mejor líder? Si la respuesta es sí, pregúntate cuál es más importante: ¿tu ego o tu ingreso?

¿Qué Es una Marca Personal?

Las personas están más confundidas acerca de la marca que probablemente de cualquier otro tema en el mercadeo en red. Esto es, en gran medida, debido a las cosas que ellos han aprendido de las personas que trabajan en industrias *fuera* del mercadeo en red.

La marca, en la manera en que la mayoría de las personas la ven, no se duplica bien. Para muchas de las ´´estrellas´´ del mercadeo en red con una muy buena marca, la única oportunidad que tienen de duplicarse sería si ellos trajeran otra estrella. Eso es una pena, porque en tu negocio no deberían ser solamente ´´estrellas´´ dándole con intensidad.

Lamentablemente, lo que vemos son muchas personas que ni siquiera han hablado o intentado contactar a alguien, y sin embargo están trabajando en su eslogan, descifrando su mercado específico, y trabajando en su marca impactante. Personas que pudieron haber abierto su boca a miembros de su familia y amigos-o inclusive a extraños-y ya hubieran hecho dinero.

Una ´´Marca´´ No es un ´´Logo´´

Sí, las marcas *tienen* logos-Coca Cola, Adidas, Ford, etc., todas tienen logos-pero sus logos no son sus marcas. Los logos son símbolos visuales, breves identificadores que respaldan lo que la marca es realmente, lo cual es...

Una promesa.

Una promesa de calidad. Una promesa de confiabilidad. Una promesa de creatividad. Una promesa de excelencia. Una promesa de cambio. Más que otra cosa es una promesa de como las personas se *sentirán* y se *beneficiarán* al comprar tu producto, usar tu servicio o consumir tu información.

Nuestra compañía, *El Grupo Higdon,* tiene un plan de marca de proporcionar información y estrategias de alta calidad que desarrollen a las personas y a sus negocios. Cada Video En Vivo de Facebook que hacemos es parte de nuestra marca. Cada blog y artículo que escribimos-*incluyendo este libro*-son extensiones de nuestra marca.

¿Cuál Es Tu Marca Personal?

Todos nosotros-mediante quienes somos, lo que hacemos, y lo que creemos-ya hemos creado una marca personal. Algunas personas han establecido una marca de ´´alboroto´´ a su alrededor, mientras que otros han establecido una marca de ser ´´insistentes y exigentes´´. Algunos han creado una marca de ´´adictos al trabajo´´, mientras que otros lo han hecho como ´´perezosos´´.

¿Y tú? ¿Tienes una marca?

A la mayoría de las personas, cuándo les preguntan esto, contestarán inmediatamente, no. Pero por supuesto que ellos la tienen. Y tú también.

Así que, ¿cuál es la marca de tu liderazgo? Si le pido a 20 personas que me den tres palabras que te describan, tu marca sería obvia.

No Tienes Que Trabajar en la Construcción de una Marca

Primero, entiende que las personas no *tienen* que desarrollar una marca personal en el mercadeo en red. Eso debería ser obvio, porque-mucho antes de nuestros tiempos modernos y de alta tecnología en los cuáles todos parecen estar creando sus propias marcas-las personas construían organizaciones grandes. No marcas, no blogs, no redes sociales. Esas cosas no existían. Aun así, las personas encontraban maneras para tener éxito en este negocio.

Esto es importante porque puedes tener personas en tu equipo que fueron atraídas por tu marca, y ahora ellos piensan que para ser exitosos también deben tener una buena marca-basándose en la tuya. Este no es el caso.

Y desde luego que tú no quieres que ellos piensen que de eso se trata ser un líder. Por eso, cuando estaba activo en mi negocio, nunca le dije a mi equipo, ´´Hey, tribu, necesitan hacer blogs, necesitan una marca personal, necesi*tan tomarse fotos profesionales*´´.

Construir una Marca Requiere Compromiso

La realidad es que construir una marca personal puede consumir tiempo y ser costoso. Por lo tanto, le advierto a las personas no caer en lo complicado de la marca a menos que-*a menos que*- sea algo que ellos realmente quieran hacer.

He conocido personas en el negocio que emprendieron el camino de la marca personal, solamente para versen contratando a su tercer diseñador de página web, su quinta persona de gráficas, y creando su catorceava versión de cómo contar su historia-y estaban tan ocupados haciendo eso, que aún no habían reclutado a nadie. También he visto personas volverse muy, muy exitosas, que −si las cuestionaran- no podrían definir lo que es una marca, aún si su vida dependiera de ello.

La Construcción de una Marca Toma Tiempo

Si estás atrayendo personas a tu negocio a través de tu propia marca, es casi definitivo que las personas en tu equipo te contactarán, queriendo construir *su* marca y atraer personas para ellos, justo como ellos fueron atraídos hacia ti. Y aquí es dónde tienes que ser cauteloso.

Antes de que inicies a alguien en el camino de la construcción de su marca, es importante hacer preguntas acerca de cuáles son las metas de ese miembro del equipo. Si su respuesta(s) incluye la palabra rápido, tienes que decirles la verdad:

No va a suceder rápido.

Nunca pasa. *Para nadie.* Construir una marca personal toma tiempo.

Siempre sugiero que las personas vayan y prospecten, en persona o en las redes sociales, y lo logren de esa manera primero. Haz que la gente haga algo de dinero, y luego si quieren aventurarse en el camino de la marca, los puedes ayudar a hacerlo. Pero lo mejor es hacer que las personas den pequeños pasos que los lleven a la rentabilidad, rápidamente. Haz que experimenten algo de éxito antes de darles un enorme plan de mercadeo a largo plazo.

Como mencioné anteriormente, una persona no *tiene* que tener una marca personal. Haz que hablen con las personas y usen las herramientas existentes, videos, etc. Tu meta principal debería ser tener muchas personas en tu equipo haciendo poco, no unas pocas personas en tu equipo haciendo mucho.

Luego, parte de ahí.

Esto no significa que soy partidario de hacerle propaganda a tu empresa o a tu producto en tu mercadeo. Pero si estás constantemente publicando el nombre de tu compañía y/o el nombre de tu producto en tus páginas o perfiles sociales, entonces estás fastidiando a muchas personas que están conectadas contigo y activándolos a todos con el interés de hacer su propia investigación buscando el nombre de la compañía o del producto en Google, Amazon o eBay.

Para instrucciones extremadamente específicas sobre cómo promocionarte en una manera que sea duplicable, puedes considerar nuestra guía sobre desarrollo de Marca y Duplicación en: www. HigdonGroup.com/playbook.

Sabiduría De Un Líder Máximo De Mercadeo En Red & Miembro De TEC

JEFF ALTGILBERS:

Para mí, ser un excelente líder es hacer siempre lo correcto, aun cuando te cueste y sea difícil hacerlo. Cumpliendo tu palabra. Es nunca robarse un prospecto o cambiarle el patrocinador al líder de otra persona. También significa estar disponible para tu equipo y entregar más de lo que ellos necesitan, cuando ellos lo necesiten.

El error más común que veo cometer a los líderes tiene que ver con el ego- haciendo que el negocio sea acerca de ellos mismos, cambiando su enfoque de nosotros a mí. Ellos necesitan entender que pueden tener lo que sea que ellos quieran si tienen una actitud de líder servidor. Como líderes, no construimos los negocios de las otras personas; solamente los ayudamos a hacerlo.

El otro error común que veo tiene que ver con la ''expectativa''. Los líderes esperan mucho de su equipo y muy rápido. Ellos tratan de supervisar y presionar, cuando lo que necesitan entender es que no todos tienen las mismas metas. Conoce mejor a tus líderes clave. Descubre lo que quieren y acéptalo. Si necesitas líderes que ejecuten a un nivel más alto, sigue cazando hasta que los encuentres.

Los líderes de mercadeo en red brindan a las personas la oportunidad de alcanzar lo más importante que cualquier ser humano puede ofrecerle a otro humano: libertad de tiempo.

La libertad de estar con su familia. La libertad de viajar con ellos a lugares especiales; experimentar cosas únicas juntos y construir recuerdos- recuerdos que conservarán para siempre. Dar a organizaciones sin ánimo de lucro. Ese es el poder del buen liderazgo.

Construyendo Confianza A Través de la Transparencia

Los gurús del liderazgo van por el mundo diciéndole a las personas qué tan importante es ´´ser vulnerable´´. Lo que ellos realmente deberían estar diciendo es: ´´Sé honesto con las personas y *diles que tú no eres perfecto´´*.

En el mundo corporativo, los líderes crean ambientes en los cuáles todos vienen a una reunión usando un escudo-*una máscara*- algo detrás de lo que se esconden para que su jefe o compañeros de trabajo no conozcan sus debilidades y vulnerabilidades. Porque en *ese* mundo, no están permitidos los defectos y admitirlos perjudicarían sus posibilidades de un ascenso.

Pero en el mundo del mercadeo en red, es exactamente lo opuesto-*especialmente en lo que tiene que ver con el liderazgo*- Cuando los líderes de mercadeo en red admiten sus defectos, todos los que están a su alrededor comienzan a relajarse. Las personas empiezan a entender que está bien no ser perfecto. Está bien tener debilidades. Está bien el no tener todas las respuestas.

Y en ese momento, el líder increíblemente efectivo-a través de su honestidad-ha creado un ambiente en el cuál los otros pueden disminuir o parar de recriminarse por no ser perfectos. Y esto le da al líder la habilidad de identificar oportunidades reales para el desarrollo personal. Esto solamente pasa cuando el líder crea un ambiente que hace que aquellos a su alrededor se sientan lo suficientemente seguros para decir, ´´Wow, Yo estaba teniendo dificultades con algo similar, tal *vez no soy tan malo como pensé´´*.

¡Reglas de Transparencia!

La verdad es, confianza y transparencia no son procedimientos normales de operación en la mayoría de los equipos, aunque deberían serlo. De hecho, si quieres construir un equipo exitoso que ejecute a niveles altos por un largo período de tiempo, la confianza y la transparencia *deben* estar presentes. Yo inclusive iría más allá en decir que sin la confianza y la transparencia, tu equipo eventualmente colapsará bajo su propio peso.

Tristemente, lo que veo son líderes que actúan como si estuvieran trabajando en una agencia de relaciones públicas, dándole vueltas a todo lo que está pasando para tratar de que las cosas parezcan mejor de lo que son. Las cosas no van bien y su respuesta es: ´´Todo está de maravilla! He alcanzado fácilmente, rango, tras rango, tras rango. ¡Nunca he tenido ningún reto o problema!´´ Ellos están asustados con que decir la verdad debilitará al equipo. Aún más, están asustados de que la verdad debilitaría su poder sobre otros.

La verdad es justo lo opuesto.

¿Sabes que es lo que forja a tu equipo (y futuros líderes) en acero? La realidad. Lo importante. La verdad. Las cosas que la gente está a menudo reacia a compartir.

El compartir cosas que son reales-incluyendo tus miedos y debilidades-crea un vínculo, cuya importancia es imposible de medir. Y eso prepara a tu equipo para las caídas que van a experimentar en su camino al éxito, y tú tendrás una organización mucho más fuerte.

Un ejemplo de mantenerlo real es compartir que muchas veces cuando alcanzaste un nuevo rango. Caíste de nuevo al mes siguiente (o inclusive por algunos meses después) y que es común no mantener un rango nuevo.

Los líderes que no comunican esto, están realmente saboteando a su gente. He visto líderes potencialmente increíbles, irse de una compañía porque estaban avergonzados de que no pudieron mantener su rango nuevo. Ellos nunca supieron que es normal no mantener ese rango nuevo por unos pocos meses y que la mayoría de los líderes tuvieron una experiencia similar.

Construyendo una Cultura Mejor

Algunos líderes piensan que construir una cultura mejor en tu grupo simplemente significa hacer más entrenamientos de negocio. Recuerda que la cultura se trata de hacer sentir bien a las personas independientemente de su nivel de deseo o nivel de resultados.

En lugar de sólo hacer entrenamientos de negocio, considera hacer fiestas en la piscina o asados. Una vez hicimos un partido de fútbol (el cuál fue extremadamente divertido). Piensa en formas que sean costo efectivas y que pueden duplicarse en otras áreas del mundo para mostrarle a tu equipo que no eres sólo negocio, sino que ustedes son familia.

Usar Historias para Aumentar la Asistencia a los Eventos

Cuando nosotros estábamos construyendo nuestra organización, nosotros llevábamos cientos de personas de nuestro equipo a los eventos de la compañía. ¿Cómo? Buscábamos historias de éxito que habíamos escuchado en eventos anteriores, luego íbamos y compartíamos esas historias con el equipo cada que teníamos la oportunidad.

Un ejemplo de una historia que contaríamos sería algo como:

´´Sally había estado con la compañía por un año, sin tener mucho éxito. Pero 30 días después de asistir a la convención de la compañía, ¡ella reclutó sus primeras cinco personas!´´

Las historias deben ser ciertas y verificables, por supuesto-por eso es que son tan poderosas.

Aquí hay otro ejemplo de una historia que contaríamos:

´´Yo no sé qué aprenderás en un evento, pero está este hombre de nombre Dan, quien era un trabajador de la construcción, y fue el año pasado. Él estaba bastante frustrado con su negocio, pero cuando regresó del evento, avanzó de rango dos veces en 60 días´´.

Usualmente, las personas promueven los eventos diciendo cosas como, ´´¡Habrá excelentes oradores, la lista completa es increíble, el contenido es fantástico!´´ Y eso está bien. Pero las historias acerca de las personas que han asistido a eventos anteriores son más poderosas que mencionar quién estará hablando en la tarima en el próximo evento.

Dicen que harás alrededor de $1000 dólares al año por cada persona que lleves a la convención. Estoy de acuerdo, este es un buen cálculo. Con eso dicho, realmente, ¿qué tan fuerte estás intentando movilizar personas a la convención de tu compañía? Si quieres ser increíblemente efectivo, este debería ser tu enfoque principal.

Usar Historias de Reconocimiento

Uno de los momentos más impactantes de mi carrera fue el ver a un hombre en un evento de la compañía, quien estaba ganándose $100,000 dólares al año, cruzar la tarima, y dar su discurso en lenguaje de señas porque era sordo de nacimiento. Si alguna vez has tenido una conversación difícil en el teléfono, bueno, él no.

Después de eso, siempre que alguien me decía que no podía hacer el negocio, yo le contaba la historia de este hombre. Yo decía, ´´Sí, tienes razón. Las personas tienen retos. *Hablando de retos...*´´ y entonces compartía la historia de este increíble hombre.

En lugar de simplemente decirle a la gente que ellos pueden hacer algo. Yo les cuento la historia del alguien que lo hizo-alguien con retos más grandes de los que ellos están enfrentando. ¿Cómo van a discutir contra eso?

La próxima vez que estés en la convención de tu compañía, saca tu libreta y bolígrafo, especialmente durante la ceremonia de reconocimiento, cuando las personas comparten sus historias. Porque esas historias son oro.

No te limites a usar solamente las historias de tu vida y/o las de tus inscritos personalmente. Si hay alguien en Saskatchewan que no está en tu equipo pero que alcanzó algo genial-o simplemente hizo sus primeros $50 dólares-habla acerca de esa persona.

Si la única historia que cuentas es la tuya, las personas pensarán que ellos necesitan crear historias propias antes de usar historias para contactar, enseñar y motivar a otros. Además, ser un excelente líder se trata de hacer todo lo que puedas para iluminarlos a todos, no a ti mismo.

Si estás auto-abrazándote y dándote palmaditas en la espalda, no hay espacio para que nadie más hable de ti. Cuenta historias acerca de otras personas. Habla acerca de otros más de lo que hablas sobre lo impresionante que eres.

Comentario adicional: la peor cosa que puedes hacer como líder es pasar por alto las ceremonias de reconocimiento en tu convención. No es solamente descortés y poco profesional, estás dando un mal ejemplo de liderazgo. El mejor ejemplo que puedes dar no es solamente asistir y tomar notas, sino también ponerse de pie y celebrar tan fuerte y entusiasmadamente como puedas a las personas que están desfilando por el escenario. Cuando estés allá arriba, siendo reconocido, estarás alegre de que alguien esté ahí, devolviendo el favor y haciendo lo mismo por ti.

No te Excedas Contando Historias de Éxito ´´Rápido & Rotundo´´

Tan tentativo como lo es pensar que el compartir historias de éxito es motivacional para las personas, los líderes eventualmente entienden que puede pasar todo lo contrario-especialmente cuando ese éxito llega rápido y rotundo. Por ejemplo:

Digamos que Joe alcanza los $10,000 dólares en su primera semana. Eso es increíble, y Joe merece el cariño, sin duda. Pero hay un par de maneras en las que tú como un líder efectivo puede escoger para comunicar esta historia. Primero, esta es la manera incorrecta, ´´¡*Hey mi gente! Felicitaciones a Joe. Este hombre inició la semana pasada, y créanlo o no, ya hizo $10,000 dólares. Eso no es increíble?!*´´

La mayoría de tu equipo se *apagará* completamente por esto. La meta era motivar a las personas y darles ánimo, pero ellos terminarán sintiéndose desanimados, no animados. Cuando dices cosas como ésta, es la manera segura de que las personas piensen, ´´Yo no puedo hacer eso. ¿Qué pasa conmigo?´´

La Mejor Manera de Motivar a las Personas

La mejor manera de motivar a las personas es diciendo, ´´Hey, tengo que compartir esto. Es una historia medio loca, pero hay un hombre que conocí hace unos pocos años, y quien ha pasado por mucho. Fue herido en una Tormenta en el Desierto. Él ha estado tratando de construir su propio negocio por los *últimos 27 años y nunca había triunfado. Y, mi gente, todos esos obstáculos ayudaron a prepararlo.* Él ingresó a esta organización y ¡logró su rango en la primera semana! Sé que suena *increíble, pero felicitemos a Joe*´´.

En lugar de lamentarse, todos celebrarán.

Aún más importante, ellos celebrarán porque saben la *historia completa,* no solamente el éxito. Ellos celebrarán las dificultades.

Así que, cuando alguien esté teniendo éxito, mira si puedes descubrir si hay más sobre esa historia. ¿Por cuánto tiempo han pasado dificultades? ¿Tuvieron una niñez difícil o lo que haya sido? ¿Lo perdieron todo en algún punto de su vida? Trata de encontrar sus caídas también, porque si las personas conocen las caídas, ellos estarán usualmente más motivados que celosos por los éxitos.

También, sé precavido de no darle demasiado *tiempo en el escenario* a una sola persona, sin importar qué tanto se lo merezca.

He visto personas llegar a una organización, sobrepasar las expectativas, y de repente estar en el escenario de la compañía. Ellos han logrado lo que buscaban, que era el protagonismo. Déjalos que se lo ganen Si alguien nuevo logra éxito rápidamente, dale amor y atención-*pero no le des las llaves del reino*. No ha estado ahí el tiempo suficiente. No sabes qué lo motiva. Porque si lo que lo motiva es el deseo de estar en el foco de atención y tú le das *demasiada* atención, ellos podrían buscar un protagonismo diferente el próximo mes.

En otro lugar.

Enfócate en Tu Historia, No en Tus ΄΄CO$AS΄΄

Cuando estaba prospectando, nunca hice alarde de un cheque o le dije a las personas que era el número uno en la compañía. Por el contrario, me enfoqué en mi historia. Compartía cómo lo perdí todo en el mercado de los bienes raíces, y cómo un amigo mío me invitó a una reunión. Yo les decía como fui con él, aunque no estaba seguro de que se trataba todo eso, y porqué decidí unirme. Yo explicaba cómo mi amigo me mostró qué hacer, y cómo yo hice lo mismo-mostrándole a las personas cómo hacer algo de dinero extra.

Alardear de un cheque grande o hablar acerca de tu carro, no es tan efectivo como contar tu historia. Tu historia-si la mantienes básica y atractiva-atraerá personas hacia ti. Presumir acerca de tu ingreso y mostrar *tus cosas,* a menudo hace el efecto opuesto. Eso generalmente aleja a las buenas personas.

Tu Historia Debe Demostrar Duplicación Sencilla

Hay algunos líderes de mercadeo en red que se desvían del camino para mostrar lo especial, únicos y confiables que son. Esto es un error. Si te consideras especial, confiable o único, tu duplicación sufrirá. Todo lo que hagas debe ser un ejemplo de lo que la persona a la que le estás hablando también puede hacer.

Por eso es que mostrar cheques grandes es negativo para la mayoría de las personas: sólo los deja pensando, ´´*Bueno, yo no tengo un cheque grande para mostrar, ¿cómo diablos puedo hacer esto?*´´ Los líderes increíblemente efectivos siempre hacen que su gente piense, ´´Wow, ¡Yo pienso que puedo hacer esto!´´

Esto es lo opuesto a otro tipo de ventas. En otras situaciones de venta, ser confiable, único, especial e impactante es positivo. En el mercadeo en red es negativo.

Porque en una situación normal de ventas, las personas tienen sólo un objetivo: Hacer que la persona compre el producto.

En el mercadeo en red, siempre tienes dos objetivos:

1. *Lograr que la persona compre lo que estás vendiendo.*
2. *Mostrarles que ellos también lo pueden vender.*

Tú quieres que las personas salgan de cada interacción creyendo que ellas pueden hacer lo que te ven haciendo.

Cuando le enseñas a las personas a compartir su historia, nunca debería ser acerca de lo únicos que son. Siempre debería ser acerca de lo normal y lo promedio que son, de eso modo resonarán con el mayor número de personas y los llevarán a creer que ellos también pueden hacerlo.

´´Los compañeros de equipo nunca deberían recibir toneladas de tu tiempo personal simplemente porque respiran oxígeno. Ellos tienen que ganárselo a través de sus acciones.´´

-Ray Higdon

#FEL

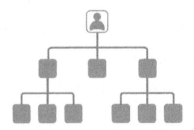

(Toma una foto de esta página y publícala en tus redes sociales favoritas usando #FEL)

No Exageres Sobre Tu Ética de Trabajo

Algunos líderes usan su ética de trabajo como una medalla de honor, alardeando acerca de cuántas reuniones hacen. Su necesidad de atención los hace tratar de impresionar a las personas con cuánto trabajan y lo duro que lo hacen. Su ego está corriendo el espectáculo.

Si ellos estuvieran siendo lógicos, se hubieran dado cuenta de que las personas que están tratando de reclutar no están impresionadas-están horrorizadas. ´´Ah oh. Yo no creo que pueda hacer eso. No creo que puedo trabaj*ar tan duro como ellos lo hacen*´´.

Además, la meta debería ser mostrarles a las personas que el mercadeo en red es una manera de disminuir el trabajo, no de incrementarlo. Mantenlo fácil. ¿Cierto?

Cuando estés compartiendo tu historia y hablándole a las personas acerca de tu trayectoria, trata de usar esta frase simple:

Todo lo que hice.

En lugar de tratar de impresionar a las personas con lo duro que trabajas, haz lo opuesto y mantenlo simple.

- ´´*Yo ni siquiera podía pronunciar el nombre de las bayas en nuestro producto! Todo lo que hacía era dirigir a las personas al video de la compañía*´´.

- ´´*Yo no tenía mucho tiempo para invertir cuando recién comencé. Todo lo que hice fue prospectar en mi tiempo libre, unas pocas horas cada semana en lugar de ver TV.*´´

- ´´*Cuándo comencé, Yo no tenía nada ni remotamente cercano al talento de vender. Todo lo que hice fue seguir el sistema, y ellos o les gustaba y decían sí, o decían no. Era así de simple*´´.

El liderazgo increíblemente efectivo nunca se trata de mostrarles a las personas lo duro que es el negocio o lo extraordinario que eres.

Debería ser acerca de lo *promedio* que eres, algunas de las cosas que has tenido que superar, y lo simple que puede ser el negocio.

Sé Alguien Con Quien Se Puedan Identificar

La meta de cualquier líder bueno debería ser, parecer alguien con quien la gente se pueda identificar todo el tiempo. ¿Haces videos con toneladas de trofeos y fotos tuyas estrechándole la mano al presidente? Espero que no. Cuando te presentas, ¿incluyes un montón de credenciales y hablas de tu rango? Eso no es bueno.

Por ejemplo, si estuvieras enseñándole a una doctora a reclutar, deberías enseñarle a decir que trabaja en un hospital-no que ha sido cirujana por los últimos 29 años. Trabajar en el hospital hace que se identifiquen con ella-todos han estado en un hospital. Ser cirujana no. Lo último que quieres sería que otros piensen que tienen que ser cirujanos para ser exitosos y que por eso es que tienen éxito.

Nuestra amiga Amy, tiene una historia excelente acerca de este tema. Ella llevaba en el mercadeo en red 17 años y había hecho $3,000 dólares en total antes de ganarse un millón de dólares en su compañía. Yo le dije que compartiera la historia de los $3,000 porque era más fácil que se identificaran con los $3,000 que con ´´un millón de dólares´´. Nuestras armas secretas son la vulnerabilidad y el que se puedan identificar. Estas armas son más poderosas que cualquier alarde que puedas hacer porque las personas se identifican con eso.

Nota personal: Nuestro negocio se disparó cuándo paré de tratar de tener una gran imagen y comencé a compartir mi historia de ejecución hipotecaria. De repente, todos querían entrevistarme en su podcast, y que hablara en su escenario. También, más personas en mi equipo empezaron a creer que ellos podían tener éxito. Interesante, ¿ah?

Construyendo ´´Expectativas Fuertes´´

Cualquier líder que desee alcanzar éxito duradero en el mercadeo en red, debe trabajar en construir lo que yo llamo ´´expectativas fuertes´´ dentro del equipo. Esto se hace comunicando seriamente a tu grupo que habrá altibajos en el negocio.

No solamente es necesario que lo entiendas tú, necesitas asegurarte de que todos los demás también lo entienden.

El mercadeo en red no es un mundo mágico que es de alguna manera diferente a todos los otros negocios en el planeta. En el mundo de los negocios, el mercado simplemente no sube, sube, sube, sube, sube, sube, y nunca baja. Ningún negocio sube para siempre sin tener ninguna clase de caída en crecimiento y/o en desarrollo financiero.

El mercadeo en red no es la excepción. Está sujeto a los mismos altibajos de las fuerzas del mercado y a fluctuaciones del ingreso a las que todos los negocios están sujetos. Cada compañía, incluyendo las gigantes-como Apple, Netflix, Facebook, etc.-experimentan períodos de crecimiento dramático, seguido por períodos de recesión económica.

Esto debes comunicarlo a tu gente para que cuando aparezcan las caídas en el desarrollo, ellos no se asusten y salten del barco.

Usa los Concursos de la Manera Correcta

Hay unos cuántos problemas con los concursos que los líderes necesitan tener en cuenta. El primero es hacer muchos concursos. ¿El equipo no está haciendo mucho? ¡Lo sé! ¡Hagamos un concurso! No me malentiendas: los concursos pueden ser muy efectivos. Pero ´´excederse con los concursos´´ puede ser una pérdida de tiempo y de esfuerzo. Muchos concursos pueden matar el impulso, lo cual es todo lo opuesto a lo que estás tratando de lograr.

El segundo problema es la falla casi-inevitable en la manera en la que están diseñados los concursos. El error es tener premios grandes solamente para el primero o los dos primeros reclutadores porque la mayoría de las personas no creen que ellos pueden ser de los primeros. Así que ni siquiera participan.

La Meta de Cualquier Concurso

La meta de cualquier concurso debería ser dar incentivos que los motiven a *todos en el equipo* a dar un paso adelante en su juego, y mejorar su ejecución, no sólo a los mejores.

Nuestro consejo es proponer algo simple que la mayoría de las personas crean que pueden hacerlo. Por ejemplo, hacer dos ventas. Hacer dos ventas, la actividad es obligatoria-y hacer dos ventas es un logro. Sí, no es necesariamente un gran logro, pero, sin embargo, es un logro.

¿Pero y que pasa con los mejores desarrolladores? Dos ventas no los va a motivar.

La mejor manera de estructurar un concurso que los involucre a todos es diciendo: ´´Para los dos o tres mejores reclutadores, vamos a *hacer una cena en el próximo evento, y para todos los que logren al menos dos ventas, obtendrán una invitación a un entrenamiento privado con Ray y entrarán en una rifa para ganarse una tarjeta de regalo´´* (o un libro, o lo que sea.)

Debes tener algo que los mejores se esfuercen por ganar, pero también un incentivo para aquellos que saben que no ocuparán la primera ni la segunda posición. La meta es lograr que muchas personas hagan un poco en lugar de impulsar más a tus dos o tres mejores.

El Arte del Pre-Concurso

La mejor manera de comenzar cualquier concurso es tener un pre-concurso. Eso suena como esto:

*´´**Hola a todos!** En una semana vamos a tener un concurso grande con muchos premios buenos y cosas divertidas para ganar. Si quieres participar en el concurso, todo lo que tienes que hacer es inscribir una persona en los próximos siete días y podrás participar´´.*

Haz esto, y las personas que no han traído ni un alma en años de repente tomarán acción. Ellos ni siquiera iban a participar en el concurso grande, pero ellos creen que pueden traer uno. Tendrás personas que participarán que te van a sorprender. De nuevo, la llave es lograr que las personas hagan un poco. Logra que más personas hagan un poco versus tratar de exprimir más a tus grandes desarrolladores.

Alguien me dirá que tiene tres excelentes desarrolladores y quiere saber cómo lograr que ellos produzcan un 10 por ciento más. Pensamiento incorrecto. Logra que un porcentaje más grande del equipo entero haga un poco más.

Premios y Duplicación

Antes de dar un premio o incentivo, recuerda que tu gente está observando todo lo que haces. Ellos también se están preguntando (consciente o inconscientemente) si ellos pueden hacer lo que tú estás haciendo. Por esto es que debes ser cuidadoso con los incentivos.

He conocido líderes que hacen $30,000 dólares al mes, y gastan $20,000 en premios y otros incentivos. Esto no es solamente imposible de duplicar, sino que no es inteligente. Estos líderes no solamente van a tener problemas pagando sus impuestos, otros líderes (y posibles futuros líderes) en la organización, ven eso y piensan, ´´Yo nunca podría hacer eso.´´

Y ellos no deberían.

Sabiduría De Una Líder Máxima de Mercadeo En Red & Miembro De TEC

NICOLA SMITH JACKSON:

Un excelente líder de mercadeo en red es capaz de inspirar y motivar a otros a tomar acción a través de los resultados, de una manera sistemática. Ellos crean una atmósfera que da visión y construye confianza en donde una persona común pueda comenzar a experimentar resultados a través de la pasión y la consistencia.

Si eres un líder, te animo a tomar responsabilidad de tu éxito aprendiendo los principios y sistemas de la industria y de tu compañía. Construye tu negocio con sistemas simples que las personas puedan seguir y duplicar consistentemente.

Los líderes deben crear una cultura donde haya un método diario de operación, donde el enfoque está en un título principal obtenible que puede duplicarse fácilmente. Esto crea impulso y convierte personas comunes en desarrolladores extraordinarios.

Nunca pares de reclutar o de buscar nuevos talentos.

Un líder no debe olvidar de dónde vino y mantenerse humilde a través de su camino al éxito. La misión es construir confianza en que el éxito sea alcanzable. Esto genera ánimo en el equipo y es la llave para el éxito duradero.

Crea el hábito de invertir una porción de tiempo y dinero en el desarrollo personal para aprender las habilidades y estrategias que fomenten mejor comunicación, producción del equipo, colaboración y cooperación. Esto te hará más fuerte y sabio.

´´Negativo Hacia Arriba, Positivo Hacia Abajo´´

Uno de los conceptos de la comunicación más importante del liderazgo efectivo, está contenido en esta regla simple de seis palabras:

´´Negativo hacia arriba, positivo hacia abajo´´.

Significa que debes comunicar información negativa *hacia arriba* de la línea, e información *positiva* hacia abajo de la línea. Por ejemplo, digamos que el envío de los productos se ha estado demorando y las personas en el equipo se han estado quejando al respecto. Tu responsabilidad es comunicar la situación negativa a otros líderes en tu línea ascendente, en caso de que ellos no estén informados de la situación. *Negativo, hacia arriba.* Entonces cuando recibas una respuesta acerca de cómo ha sido abordado el problema, tú comunicas la solución a tu línea descendente. *Positivo hacia abajo.*

Los líderes increíblemente efectivos, establecen una expectativa de que, si alguien tiene un problema, ellos no crean drama, llamando, enviando mensajes de texto o publicándolo en el grupo. Ellos necesitan comunicarlo *hacia arriba,* a ti. Y cuando tienes un problema, nunca mueves la negatividad hacia abajo.

¿Qué le Trae Éxito a la Mayoría de Los Líderes?

Como yo lo veo, lo que lleva a la mayoría de los líderes a un rango alto, son las siguientes tres cosas (en orden de importancia):

#1: Contactar personas de calidad para su equipo.

#2: Se refiere constantemente a las herramientas y al sistema, y moviliza personas a los eventos.

#3: Obtiene recursos de entrenamiento para su equipo (su propio entrenamiento, Rank Makers, libros de guiones, etc)

Pero muchos líderes justo cuando alcanzan un rango alto, dejan de hacer las cosas que los hicieron exitosos. Olvidan quién y qué los llevó hasta ahí. Cambian de *construir* el equipo activamente (y de mejorar las habilidades de las personas que están en él) a tratar de ser el ´´gran entrenador´´ o esperar que todo el crecimiento venga de su línea descendente.

Gran error.

Porque una vez que los líderes paran de hacer actividades que les traen éxito, el nivel de éxito que ellos han alcanzado generalmente comienza a evaporarse-lentamente, al principio, así el declive escasamente se nota. Luego ellos comienzan a notarlo.

Pon Atención a lo Que Te Trajo Hasta Aquí

Muchos líderes-una vez que alcanzan el rango deseado o la posición en su organización-se recuestan en su posición. Ellos olvidan lo que los llevó hasta ahí.

Observa que dije *lo que* los llevó hasta ahí, y no *quién* los llevó hasta ahí.

El equipo que te llevó a tu posición actual tal vez no sea el equipo que te lleve al próximo nivel. Esto no significa que ignores o maltrates a quien te llevó a tu rango actual. Pero recuerda qué actividad fue la que te llevó hasta donde estás y mantente trayendo personas nuevas a tu organización.

En mi opinión, *este* es el error más grande que cometen los líderes de mercadeo en red. Una vez que alcanzan un rango alto, olvidan lo que los llevó hasta ahí. Paran de hacer lo que los hizo exitosos y los llevó hasta ahí en primer lugar. No solamente he sido testigo de esto numerosas veces a través de los años, sino que otros también me han dicho que lo han visto una y otra vez.

Manteniendo el Rango

Anteriormente hablé acerca de las ´´expectativas fuertes´´, y esto es una parte de eso, y también algo que tal vez no quieras escuchar. Muchas personas no hablan acerca de esto o no lo enseñan, pero es importante decirles a las personas que cuando ellos alcanzan un rango nuevo y/o un rango más alto, las probabilidades de que ellos mantengan ese rango el mes siguiente (y tal vez el mes después de ese) es extremadamente difícil.

Auch.

Si a las personas no se les enseña esto y pasa, será un impacto. Ellos alcanzan un rango grande y están muy emocionados y encendidos. Están orgullosos, por supuesto, así que se lo dirán a todos.

Luego, el próximo mes, de repente no lo logran. Ahora están avergonzados y no quieren que nadie lo sepa. Su diálogo interno comienza diciendo, ´´Oh no, no lo logré este mes. ¡Dios mío, no quiero que nadie se dé cuenta!´´ Se sienten como un fraude y un fracaso (aunque no lo sean, ya que este es un giro de acontecimientos muy común).

Si a ellos les hubieran enseñado que esto era algo común, toda esta angustia interna se hubiera podido evitar. También, ellos hubieran sabido enseñarle lo mismo a su gente en el futuro.

Tal vez esto te ha pasado a ti. Si así es, no te asustes-simplemente vuelve a hacer las cosas que te llevaron hasta ahí desde el principio.

Ser ´´Superado de tu Rango´´ Como Líder

En mi experiencia, la mayoría de los distribuidores grandes sobrepasaron en rango a la persona que los patrocinó. Entonces, ¿qué pasa si alguien que reclutaste en tu equipo, eventualmente te supera en rango?

Primero, si estás leyendo esto ahora mismo, significa que estás motivado a crecer tu negocio, así que no debería ser fácil sobrepasarte. Sin embargo, aunque estés motivado y haciendo el trabajo, todavía podría pasar. Y si pasa, eso es excelente. ¿Porqué? Porque...

La única cosa mejor que ser un diamante es ser un productor de diamantes.

Yo quiero que las personas me sobrepasen (lo que no quiere decir que voy a hacerlo fácil). Y tú deberías querer que tantas personas en tu organización como sea humanamente posible lo hagan también.

Veo que las personas que alcanzan el nivel de liderazgo generalmente caen en una de dos categorías en el mercadeo en red:

1. *Personas que están ahí para ganar mucho dinero y hacer un gran impacto.*
2. *Personas que están ahí para acariciar su ego.*

Si eres alguien que está molesto porque otra persona te pasó en rango, tu ego te está costando dinero.

Las personas que están en esta profesión para acariciar su propio ego están preocupadas por la idea de que alguien los sobrepase, aunque ellos ganarán una porción de la producción de esa persona para siempre.

Si quieres hacer mucho dinero, tienes que aprender a dejar tu ego en la puerta. Si quieres hacer poco dinero, está bien-enfócate en tu ego.

Desilusión en el Equipo

¿Qué deben hacer los líderes nuevos si comienzan a construir un equipo y de repente las personas empiezan a desanimarse, y ellos comienzan a perder gente? ¿Cómo afrontan la desilusión? ¿Simplemente continúan de la manera en la que lo han hecho? ¿O deberían parar y analizar la situación?

Comencemos con esto:

Cuando traes personas nuevas a tu equipo, sin importar lo que ellos te digan (o lo que tal vez sepas de su desarrollo anterior en otra compañía), una parte de ti debe creer que ellos se convertirán en el desarrollador más grande que hayas tenido, y la otra parte de ti debería asumir que se irán mañana.

Aquí está el porqué

- *Si ellos ponen todo de su parte y trabajan para crecer su negocio, tú estarás preparado para apoyarlos, pero...*

- *Si ellos deciden irse mañana, no sufrirás ninguna desilusión por la pérdida.*

Lo importante para entender es que tu reacción emocional a cualquiera de los eventos, en cualquier punta del espectro-éxito o desilusión- es *predeterminada* por las expectativas que *tú* creaste en tu mente desde el comienzo del proceso.

Si aceptas totalmente las declaraciones de alguien acerca de lo duro que va a trabajar, y lo grande que va a crecer su negocio- (´´¡Esta *persona va a cambiar por completo mi negocio!´´*)- tú te programas para ser ciego si él/ella no ejecuta a ese nivel. Por otro lado, si asumes que una persona se irá- (´´Sea lo que sea no estoy levantando ni un dedo para ayudar a esta persona, ¡porque sé que eventualmente se irá!´´)-puedes terminar descuidando a esa persona, quien termina haciendo exactamente eso.

El único enfoque racional es tomar ambas posiciones, al mismo tiempo: *La persona pueda que se quede y trabaje duro, así que necesito estar listo para apoyarlo si hace eso, y pueda que decida irse, así que no debería sorprenderme tampoco.*

Cuando las Personas se Van para otra Compañía

Una de las preguntas que me hacen mucho es: ¿Qué debo hacer cuando las personas de mi equipo se van para otra compañía?

Primero, necesitas entender que no puedes evitarlo. Va a pasar. No importa lo carismático que seas, no importa lo buena que sea tu cultura, habrá personas que se irán-especialmente en esta era de las redes sociales.

Hace años, no estábamos conectados globalmente como lo estamos ahora. Las personas no sabían que no sabían; simplemente no tenían acceso. Hoy, ¡todos tienen acceso a todo! Lo que les brinda a las personas opciones virtualmente ilimitadas.

- *Nadie tiene 100 por ciento de retención.*
- *Nadie retiene a toda su gente, y ellos también pierden a sus líderes clave.*

Y si todavía no has tenido un líder que se vaya, prepárate-*pasará.*

´´Los líderes en el mercadeo en red que tienen un problema de ego estarán más enfocados en controlarte que en ayudarte a que tengas resultados. Hacer cualquier cosa fuera de su control revelará sus colores verdaderos´´.

-Ray Higdon

#FEL

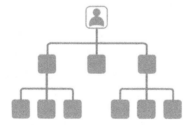

(Toma una foto de esta página y publícala en tus medios sociales favoritos usando #FEL)

¿Qué Puedes Hacer?

Okay, las personas se irán. Pero esto no quiere decir que no haya *nada* que puedas hacer, que deberías simplemente retroceder y aceptarlo sin luchar.

Aquí hay cuatro cosas que te ayudarán a manejar esta situación:

1) Enfócate en Romper tu R.P.

Si alguna vez has corrido en una pista o a campo abierto, estás familiarizado con el término R.P., que significa *record personal.* En el mundo del mercadeo en red, también tenemos records personales: un record por la cantidad de producto que hemos vendido personalmente, un record por el volumen total en dólares de nuestro equipo/línea descendiente, y-por supuesto- un record por el número de personas que hemos reclutado en una semana para nuestro equipo (o en un mes).

Cuando alguien de influencia en mi organización se iba, yo ponía una meta de salir y romper mi record personal de número de personas que había reclutado en mi equipo en un período de 30 días, con un nuevo R.P.R. *(Record Personal de Reclutamiento).* Decidía que no era tiempo de acurrucarme en posición fetal y llorar, sino que más bien, era tiempo de ajustarlo.

¿Por qué hacía esto? La respuesta obvia y de alguna manera a nivel superficial era reemplazar la persona o personas que se habían ido. Pero esa no era la razón principal. La razón principal era porque yo sabía que, cuando la gente escuchara acerca de la persona que se había ido, ellos iban a estar pendientes de cuál sería mi reacción. ¿Está enojado? ¿Está desacelerando porque está deprimido? ¿Irá a comenzar a atacar a esta persona?

Cuando alguien se iba de mi equipo, ¡hacía todo lo posible para asegurarme de que las personas no vieran nada de esto! En lugar de eso, quería que ellos me vieran enfocado en ir adelante, no hacia atrás, trayendo sangre nueva-personas que estaban frescas y emocionadas acerca de construir el negocio.

Esto es importante porque las personas dudarán de ti. ¿También te vas a ir? Cuando otro líder se va ellos se llenarán de un repentino sentido de miedo. Y duda. Como resultado, ellos pueden desacelerar, parar de prospectar. Ellos esperarán a ver qué vas a hacer. Y cuando ellos te vean trayendo personas nuevas, borrarás sus preocupaciones.

2) Analiza Tu Jardín.

En la compañía donde era el distribuidor número uno, mi mejor líder se fue, y yo no paré el ritmo. Mi ingreso no bajó. Sí, hubo algunos que se fueron con esa persona, pero ninguno de ellos eran personas que yo realmente quería que se quedaran. Los líderes debajo de esa persona-los que verdaderamente esperaba que no se fueran-*todos se quedaron*.

La razón principal por la que ellos se quedaron, fue porque me esforcé en construir relaciones con ellos.

Analizar tu jardín significa preguntarte a ti mismo: ¿Te estás conectando con suficientes líderes en tu organización? Mira la cultura de tu equipo y pregúntate:

* *¿Tu cultura es de reconocimiento y de hacer sentir bien a las personas sin importar su nivel de deseo o de resultados?*

* *¿Dedicas tiempo a agradecer y reconocer, o todo se trata de ti?*

* *Si todo se trata de ti, y ese líder que se fue lo diste por garantizado, pregúntate, ¿cómo puedes mejorar? ¿Qué aprendiste?, Cómo puedes progresar? ¿Qué puedes corregir? ¿No les diste suficiente amor? ¿No conectaste con ellos lo suficiente?*

Cuando reclutaba a alguien que tenía un historial de saltar de compañía, entendía que había una alta probabilidad de que esa persona no se quedara. Sabiendo eso, me proponía conectar con las personas que ellos traían al negocio. Si era claro que alguien tenía el potencial de convertirse en una estrella, yo le enviaba una nota de agradecimiento o un regalo a esa persona. Le escribía, ´´Hey, bien hecho. *Escuché que estás dándole duro.* ¡Excelente!´´ Yo siempre hacía un esfuerzo para establecer una relación con ellos.

3) Nunca Ataques Personas u Otras Compañías.

No, no, no, no, no, no, no, no, no, no, no, no, no, no, no, no, no, no, no, no, no, no, no, no, no, no, no-nunca jamás, nunca jamás, nunca jamás, jamás, jamás, jamás, jamás ataques a alguien que se ha ido de tu equipo. De hecho, ampliemos eso a *nadie,* punto.

Nunca.

No puedo enfatizar esto lo suficientemente fuerte.

Antes de entrar en el mercadeo en red, trabajé en bienes raíces. Decidí parar de ser un orador para una organización de bienes raíces con la que había estado trabajando, y me esforcé por irme en buena nota. Aun así, por los siguientes dos años, ellos me atacaron de todas maneras.

Esa organización envió un correo electrónico a su lista completa acerca de algo que yo estaba ofreciendo en mi página de internet, diciéndole a todos por qué lo que estaba ofreciendo era un mal negocio. Este correo electrónico-*diseñado para atacarme y atacar lo que yo estaba ofreciendo*-llegó a decenas de miles de personas. ¡Ellos inclusive incluyeron un enlace a mi página de internet en su correo electrónico! Increíble, ¿verdad?

He aquí lo interesante:

Como resultado de su correo electrónico, tuve más tráfico que nunca en mi página de internet: *tráfico que me ayudó a cerrar el negocio que estaba ofreciendo.* La parte más cómica es, que hasta ese momento, la oferta no se estaba vendiendo. Fue solamente *después* de que ellos me atacaron que se empezó a vender.

Atacar a otros, a menudo conlleva a consecuencias indeseadas, como jugar la ruleta rusa. Por ejemplo, si Yo digo, ´´Hey, mi gente, no hablen con Tracey porque ella nos abandonó. Tracey es mala.´´ Bueno, ¿adivina qué? Todos los que conocen a Tracy y les cae bien, aunque sea una pizca, se esforzarán por descubrir qué pasó. Pueda que hasta la llamen para averiguar. Esto no solamente resultará en una consecuencia indeseada sino todo lo contrario a la manera en la que lo querías.

Las únicas cosas que deberías atacar son los comportamientos indeseados. Por ejemplo, algunas veces las personas tratarán de alejar a otros diciendo cosas como, ´´Nuestro *plan de compensación es mejor*´´. La verdad es, pueda que pague más en la línea frontal, pero el residual es terrible. Si algo como esto pasa, no nombres la compañía. Pero sí, habla acerca de cómo en tu historia en el mercadeo en red hay compañías que te han dicho que ellas tienen ´´mejores *planes de compensación*´´ solamente para darte cuenta de que tienes que reclutar una tonelada más de personas cada mes para hacer el mismo residual que estás haciendo en tu compañía actual.

Ataca el comportamiento. Ataca el objeto brillante que otros están moviendo para alejar a tu gente. Pero nunca nombres la persona o la compañía.

4) Sé Grande, Deséale El Bien a las Personas

Ahora, esto debe ser desafiante, pero es importante.

Una vez tuve un gran líder en mi equipo, y él inmediatamente comenzó a decir cosas negativas acerca de mí a los demás. Mientras trabajamos juntos, yo no había hecho nada más que apoyarlo, pero aun así me atacó. Fue frustrante y confuso.

La única cosa que pude imaginar fue que él había asumido que yo lo iba a atacar por haberse ido, lo cual era probablemente su experiencia en el pasado. Así que él me estaba golpeando con fuerza.

Tan desilusionado como estaba con su comportamiento, decidí tomar un rumbo diferente. En lugar de devolverle el ataque, lo contacté, le dije lo triste que estaba de verlo partir. Lo cual era verdad. También le dije que había escuchado que él había dicho algunas cosas negativas acerca de mi pero que le deseaba buena suerte-y que esperaba que la compañía a la que se iba le funcionara (lo cual también era cierto, porque no le deseaba mal alguno). Luego le dije que, si en algún momento podía ser de ayuda, se sintiera libre de llamar y dejármelo saber.

Y lo dije de corazón.

Unos pocos años después, él me contactó-y me contrató como su entrenador.

Cuando pierdes a alguien, aún si la persona te ataca y hiere tus sentimientos-aunque duela-sé la persona mayor y deséale el bien.

Siempre habrá una oportunidad de que ellos regresen. Y si eres amable, hay buenas posibilidades de que ellos paren con los insultos.

Si alguien se va, simplemente trabaja en ser mejor. Y no te consumas con la idea de que ciertas personas deben quedarse en tu organización para siempre, sin importar todo lo que hayas hecho por ellos. Muchas personas insisten en eso. Y es una pérdida de tiempo. Supéralo. Sigue adelante. Eso es parte de lo que se trata ser un líder increíblemente efectivo.

´´El Problema de Una Persona´´ Versus ´´El Problema del Equipo´´

Una gran falla del liderazgo es tomar un incidente, o un pequeño manojo de incidentes, y aplicarlos a todos. Por ejemplo, a través de los años he tenido líderes que dicen, ´´Oh, *todo mi equipo se está yendo*´´. Entonces, pregunto, ´´Okay, ¿dime quiénes? Y entonces resulta que todos los que se estaban yendo eran realmente dos o tres personas. Los líderes increíblemente efectivos necesitan evitar el pensamiento absoluto. Nada es siempre absoluto.

- ´´*Todos se están yendo*´´. *¿En serio? ¿Todos?*
- ´´*Nadie está haciendo nada*´´. *¿Nadie? ¿Ni una sola persona?*
- ´´*Nada se está logrando*´´. *¿En serio? ¿Nada?*
- ´´*Todo mi equipo me detesta*´´. *¿En serio? ¿El equipo entero? ¿Cada persona que está ahí?*

A través de los años he tenido líderes que me dicen, ´´*Mi equipo no está haciendo nada*´´. Después de revisar, resultó que *muchas* de las personas estaban haciendo algo. Hacer afirmaciones generales te debilita como líder. Y Dios no lo quiera, ¡que tu equipo te llegue a escuchar diciendo cosas como esa!

¿Cómo crees que reaccionarían las personas que están trabajando, cuando como líder te escuchan decir algo como eso? Afirmaciones generales son sin duda alguna la manera más rápida de sabotear a tu equipo y desactivar a las personas.

Cuando los líderes dicen cosas ridículas e incorrectas a sus equipos, el impacto puede ser devastador. Así que sé preciso en tu análisis de cualquier situación. Porque tu interpretación de lo que crees que es la verdad repercutirá en tu próxima acción. Cuando tus suposiciones acerca de las personas y de los resultados son incorrectas, tus acciones futuras no serán efectivas y producirán pérdida.

Cuándo Despedir a Alguien de Tu Grupo

¿Entonces qué haces cuando alguien se está comportando inapropiadamente, siendo sarcástico, cínico, negativo, y causando drama en el equipo?

Primero, entiende que algunas personas simplemente han olvidado lo que están haciendo y diciendo; ellos no se dan cuenta del impacto que están causando. Simplemente no lo entienden-son ingenuos. En tales casos, he descubierto que, con sólo llamar su atención a la situación, se resuelve el problema inmediatamente.

No obstante, habrá otras situaciones donde el problema no es el resultado de la ingenuidad o de la falta de conocimiento. El comportamiento negativo es intencional, tal vez inclusive malicioso. Cuando este es el caso, tienes que ir un poco más profundo cuando lo abordes.

En cualquier caso, es importante ser amable y respetuoso con la persona con la que estas tratando. La falta de buenos modales de esta persona nunca es una excusa para tú actuar de la misma manera. También, sé específico en tus comunicaciones. Por ejemplo, si alguien está siendo demasiado negativo en el grupo, no digas solamente, ´´Hey, estás *siendo negativo, para ya mismo´´*.

Obtén una captura de pantalla de sus publicaciones negativas y envíaselas. Luego explícalo:

´´ Aquí está una captura de pantalla en donde hiciste este comentario. Esto es negativo, y queremos prevenir que este tipo de cosas hieran al grupo. Estoy seguro de que no fue tu intención crear conmoción o negatividad, pero te estoy avisando que no podemos tener este tipo de cosas aquí. Si tengo que abordar esto de nuevo, por supuesto que todavía puedes ser parte del equipo, pero no del grupo´´.

También, lo que sea que hagas, nunca adviertas a alguien y luego falles en cumplirlo. Esto es tan malo, tal vez peor, que permitir que el mal comportamiento continúe inadvertido.

En mi experiencia, me he dado cuenta que si no abordas las situaciones directamente, la persona no se va a dar cuenta. Peor aún, tal vez sepa lo que está haciendo, y no le importa y/o disfruta siendo problemático. Y cuando no lo abordas, comenzará a cuestionar tu liderazgo, y a partir de ahí las cosas sólo irán cuesta abajo.

Evita la ´´Celebración Final´´

Primero, en caso de que no sepas esto de mí, algunas veces me gusta inventar mis propias frases. *Celebración Final* es una de ellas.

Celebración Final significa lograr algo completamente, es literalmente lo mejor que puedes lograr-al punto de celebrarlo.

Por ejemplo, tenemos una cliente de TEC que se llama Mary quien alcanzó el rango más alto en el mercado europeo. Y eso es lo que ella le dice a la gente: ´´Hey, hemos alcanzado el rango más alto en el mercado *europeo*´´. Yo sé lo que estás pensando: *Ray, ¿qué diablos tiene eso de malo?*

El problema es que las palabras son importantes-especialmente si se las dices a otros. En este caso, cuando Mary les dijo a las personas que ella había ´´llegado,´´ involuntariamente se estaba predisponiendo para desacelerar su crecimiento. ¿Porqué? Porque, como lo define el diccionario, *llegar* es ´´*alcanzar un lugar al final del camino*´´. El *final* del camino.

De nuevo, probablemente estás pensando, ´´*Ray, realmente estamos entrando en los pequeños detalles*´´. Sí, lo estamos. Y confía en mí cuando te digo, si te vas a convertir en un líder increíblemente efectivo, te vas a encontrar navegando en los diferentes matices del liderazgo y entrando mucho en los detalles porque todo es importante. *Todo.*

Especialmente tus palabras.

Así que, entrené a Mary para que parara de decir, ´´Alcancé el rango más alto en la compañía´´ y en lugar de eso dijera ´´Alcancé el rango más alto que _actualmente_ _existe en mi compañía._ ´´

Entre estas dos afirmaciones hay una diferencia sutil pero importante:

- _La primera dice que llegó al final de su travesía. La segunda dice el rango máximo por ahora._
- _La primera marca el final del camino. La segunda dice hay más camino por recorrer._
- _La primera es limitada. La segunda es empoderada._
- _La primera tiene celebración final. La segunda sugiere avance hacia la próxima meta._

Y sólo en caso de que pienses que esto no funciona, hemos tenido clientes que han alcanzado el ´´rango más alto´´ pero continuaron dándole tan duro que la compañía creó un rango _máximo_ nuevo. Pienso que eso nunca hubiera pasado si ellos hubieran trabajado en un mundo psicológico de celebración final.

Últimas Reflexiones...

Muchas personas piensan que la motivación es la habilidad de hacer que las personas hagan cosas que no están capacitados para hacer. No lo es.

La motivación, desde la perspectiva del liderazgo, se trata de hacer que las personas hagan lo que están totalmente capacitados para hacer _pero que no lo harán si no se les recuerda porque deberían hacerlo._ Como, por ejemplo, prospectar y reclutar.

No existe eso de que alguien es incapaz de prospectar y reclutar. Estas son habilidades que cualquiera puede aprender perfectamente. _Cualquiera_ puede prospectar y reclutar si así lo quiere, esto es parte de lo que hace al mercadeo en red tan poderoso.

Por supuesto la palabra clave en la frase anterior es *querer*. Porque la clave del éxito no está en la habilidad de hacer el trabajo-*está en recordar porqué lo comenzaste y porqué es importante que perseveres.*

Aquí es donde los líderes increíblemente efectivos se ganan su sustento, creando una visión de cómo podría ser el futuro, luego tomando el tiempo para recordarles esa visión.

Nueve de 10 veces, cuando alguien falla en hacer las cosas que son necesarias para el éxito, no tiene nada que ver con la habilidad. No es que ellos *no puedan*-es que ellos han perdido su enfoque y han olvidado porqué entraron a este negocio desde el principio.

La Importancia de la ´´Visión´´ en el Liderazgo

Cuando piensas acerca de la visión en el mercadeo en red, esta comienza con los fundadores de la compañía. Con esto dicho, como líder, tu visión es extremadamente importante-tú también tienes que tener una visión.

Un líder increíblemente efectivo hace que las personas se sientan como si ellos fueran parte de algo más grande que ellos mismos. Ellos pintan un cuadro de lo que es posible, tanto individualmente como para el equipo completo. Pintar esta visión, y comunicarla regularmente y bien, es una actividad que merece tu tiempo. Y se siente bien.

Nuestra Misión es Hacer Tu Trabajo Más Fácil

Espero que este libro te haya ayudado con los problemas que has experimentado y que tal vez te han detenido. El haber trabajado con muchas compañías y con muchos líderes, nos hace innovar los métodos constantemente para hacer más fácil tu trabajo como líder.

Deberías considerar poner una copia de este libro en las manos de tus líderes e invitar a tu equipo al grupo de Rank Makers en dónde les pego una patadita en el trasero todos los días.

Creemos que al hacer que los miembros de tu equipo lean este libro y se envuelvan en nuestro grupo, tu trabajo (y tu vida) será más fácil.

De cualquier manera, queremos agradecerte por decidir estar en lo que consideramos la mejor profesión del mundo que es el mercadeo en red. Creemos que el mercadeo en red es la manera en la que una persona promedio puede comenzar y construir un negocio con el menor riesgo y gastos generales mínimos.

Estamos honrados de trabajar con líderes y compañías que hacen un gran impacto y estamos agradecidos de que nos hayas permitido ayudarte en tu camino.

#1 Más Vendidos en Amazon por Ray Higdon, disponible en Kindle, libro de tapa blanda y audio en <u>Amazon.com</u>

Acerca del Autor...

Ray Higdon es un autor con doble éxito de ventas y antiguo distribuidor número uno en una compañía de mercadeo en red a la que se unió mientras estaba en ejecución hipotecaria. Ha compartido el escenario con Tony Robbins, Bob Proctor, Les Brown, Robert Kiyosaki y muchos más. Ray y su esposa ya no pertenecen a ninguna compañía de mercadeo en red para poder servir mejor a la profesión como entrenadores, oradores, y mentores. Ray hace blogs casi a diario en www.RayHigdon.com y es el co-fundador del Grupo Higdon.

Junto a Jessica, su esposa y socia de negocio, El Grupo Higdon, fue reconocido en la Inc 5,000 como una de las compañías de más rápido crecimiento en América. Más que nada, ellos aman ayudar a los distribuidores de mercadeo en red a desarrollar equipos grandes y crear libertad para su vida.

Acerca de Rank Makers...

Rank Makers es una comunidad mundial dedicada a convertirse en el grupo de mayor producción dentro de la profesión del mercadeo en red. Rank Makers es nuestro grupo privado donde Ray hace un video en vivo todos los días con un entrenamiento y una acción para su equipo. Desde su creación en Julio del 2017, hemos ayudado a crear sobre 4,000 avances de rango entre todas las diferentes compañías y países. Si tienes personas que simplemente no saben que hacer cada día para crecer sus negocios, déjanos ayudarte a crear impulso en tu grupo. Siéntete libre de visitar o de compartir con tu equipo: RankMakers.com

Estás Listo para Tomar un Atajo en Tu Camino y Desarrollar un

EQUIPO ENORME

Con tu Negocio de Mercadeo en Red?

Obtén Tu Esquema Ahora En:

Teambuilderblueprint.com

Quiero mostrarte PERSONALMENTE cómo es posible acelerar el crecimiento de tu equipo sin dedicar más tiempo o trabajar más duro. **Aprende 21 maneras de impulsar la construcción de tu equipo, el liderazgo & la duplicación** (¡para que puedas hacer más dinero, más rápido, más fácil, y mucho más en menos tiempo!)

¡Viene con Dos Bonos Gratis!

BONO #1: Cómo crear una presentación para tu Compañía de Mercadeo en Red (para que tú y tu equipo tengan una HERRAMIENTA de mercadeo poderosa a la cual dirigir a los nuevos prospectos para que ahorres tiempo y te permita hablar con más personas) **–con un Valor de $325 dólares**

BONO #2: Entrenamiento para crear un Comienzo Rápido en el Mercadeo en Red (para que inviertas más tiempo prospectando & reclutando, mientras entrenas a los nuevos distribuidores en cómo tomar acción construyendo su equipo) - **con un Valor de $598 dólares**

Obtén Tu Esquema Ahora En:

Teambuilderblueprint.com

Quieres Que Pongamos A Volar

¿La Imaginación De tu Audiencia?

Para información sobre cómo tener a Ray y/o

Jessica hablando en tu próximo evento,

envía un correo electrónico a nuestro equipo:

support@RayHigdon.com

Made in United States
Orlando, FL
04 August 2022

20560230R00063